走对职场第一步

[日] **原冈修吾** ◎著

李南鸽◎译

V ZHEJIANG UNIVERSITY PRESS
浙江大学出版社

第 03 章
工作中有用的法则和理论　// 115

作为人事顾问，我参加指导过众多企业的"员工教育"、"组织体系改革"及"薪资制度导入"等事务。

长年从事此类事务指导，我也有一些感触。

那就是，有很多人在还没有理解"基础"的情况下，就开始依靠"技巧"，思考方式也极其务实。

究其原因，我认为是现代社会的信息情报错综复杂，导致人们不能很好地消化吸收。换句话说，就是人们跟不上信息。另外，也因为缺乏平台以浅显易懂的方式告诉大家，哪些才是"基本事项"，需要留心注意。

我们应该先有一套自己认同的（正确的）思考方式和基本知识，然后再加以运用。只有这个"基本原则"足够稳固，工作时才不会偏离轴心，才能收获不错的成果。

那么，我们怎样才能习得正确的思考方式和基础知识呢？

我写这本书，正是为了简明易懂地说明

这个问题。我们确实需要一定的技巧,但只有在理解了工作整体的框架结构之后,才能将技巧的效用十二分地发挥出来。

比如现在市面上有很多介绍如何面试、如何笔试的书籍及讲座,但只有当你理解了求职活动的整个框架原理后,这些技巧才能发挥作用。

即使新进公司的职员想立刻成为公司的"战斗力",若仅靠依样画葫芦,工作也将始终只停留在表面。所以,正规的基础教育还是非常必要的,因为只有基础扎实了才能有质的飞跃。

我在企业做咨询指导时,有一个重要的环节就是和职员们进行"自由谈话"。这一环节的目的在于理解该公司真正的样子。

我可以从老板及人事部长那边得到与公司情况相关的足够信息,但这并不能百分之百地体现出一个公司的整体形象。最理想的方式是花一段时间亲身参与到这个公司的运营中去,但实现性很低。所以我只好通过和每一位职员自由谈话,来窥知一些事情。

谈话时间大概每人30分钟到1个小时左右,主要是以采访的形式来询问他们对职场环境、工作推进方式及公司整体(或对其他员工)的感觉。有时,话题也会涉及未来(转职或人生规划)。

因为我不是公司领导,而是不相关的外部人员,所以往往能听到不少真心话。这确实是很有意义的一环。

除了解决老板及人事部长提出的问题之外,我还要解决在这种自由谈话中显现的问题点。当然，它们要从"使这个公司越来越好"的角度来着手解决。

另外，我还在演讲和研讨会上接触到一些面临就业的学生们。活动现场有时是我来主讲，有时则是以大家提问为主。在这种场合，我也能接触并了解到大家的各种烦恼。与当年泡沫经济时代不同，现在的大学生往往对求职一事心怀不安。

解决问题和烦恼的方法有很多。我个人的方法是先尽可能具体地整理出这些问题（烦恼），思考其原因和背景，再思考去掉什么因素（或是添加什么因素）会比较好。

本书在写作过程中正是遵循了上述思考方式，希望能对以下这些人群起到一些帮助。

写给即将开始求职的学生

至今为止，你是不是一直认为只要跟着周围的人一起行动就多半不会出错呢？但求职事关自己的一生，需要我们认真地重新审视自己，然后全身心地投入进去。

在本书中，我介绍了许多其他书中所没有的"公司与社会的本质部分"。旨在让大家对走上社会后的事、对企业有一个大概的轮廓，能够帮助大家想象未来的愿景。

写给职场新人（20 岁出头的人）

在 20 岁出头的阶段，人们大多了解了工作内容，并渐渐找到了属于自己的节奏。

那么最近你有没有思考过："工作我已经熟悉了，但是之后该怎样做，我才能获得更大的飞跃呢？"

本书介绍的一些"基础知识"，恰恰是公司不会教给你的。这些其实都是理所当然的尝试，但很多人并没有意识到它们与自己工作的关系，将它们忽视了。

我认为，如果不充分理解这些"基本事项"，就很难有"飞跃"。

就趁着这次机会，整理一下职场和工作的基本事项如何？

写给职场中流砥柱

对于正值壮年、工作高效的职场中流砥柱来说，本书的内容或许都在掌握之中了吧。

但如果你仔细阅读的话，一定能发现一些新鲜的东西。尤其是对那些想要更进一步的人来说，这本书或许能成为很好的激励。

在职场中，"正确答案"并非唯一。本书从各种角度对职场进行了论述，希望能启发你的思维，帮助你想出新的创意。

另外，当你需要指导部下或后辈的工作时，本书也能成为有用的参考。

写给计划跳槽的人

当今时代,跳槽并不是什么稀罕事了。其实仔细想想,"进入的第一个公司就是适合我的公司"这个概率确实很低。

我们在跳槽的时候肯定想要尽可能地用到之前的工作经验。但当仅仅这样做还不够时,我们就可以参考参考本书作为促进飞跃的因子。我在书中介绍了一些各个行业都通用的常识,从基本要领到应用方法,涉及内容比较广泛。对于计划跳槽的人们来说,应该会是一个方便的工具。

写给企业的人事(教育)负责人

贵公司在进行怎样的职员教育呢?

人受到正确的教育才能大幅度成长。反过来,如果不接受教育,其成长的速度也慢,质量也低。

不过,我们并没有必要在员工教育上投入过多的预算。

有些公司把员工培训全部交给外部的机构来做。我觉得,借助专业人士的力量是有必要的,但最理想的是先由本公司的职员来主导员工教育事宜。

本书并非所谓的"教育书籍",只是从各个角度介绍了公司及职场的相关常识,它可以作为贵公司教育培训活动中的佐料。

　　本书的书名为《走对职场第一步》，但书中内容并不仅仅针对即将走上社会的学生。我想也许有很多职场人士并没有掌握本书中讲述的一些知识，就开始了职场生活。我相信本书能为更多的人提供一些启示。

社会人

こなる前に知

第 01 章

開始工作前应该知道的事

っておきたいこと

理想与现实

大家觉得新进职员的起薪大概有多少呢？起薪一般根据从业者的职业和学历差异而有所不同，不过应届毕业生的起薪低的一般每月 1500 元到 2000 元之间①。做学生的时候，1500 元足可称为巨款，够我们想干什么就干什么。然而真正走上社会、独立生活后，我们会立即体会到这些钱可能根本不够花。

有些人自己每月的工资光是维持生活就所剩无几，根本无暇顾及娱乐；也有人能计划得很好，工资虽然不多却能存下一些。

走上社会几年后，人们可能已经完全记不清第一个月领薪水

---

① 为了方便读者阅读，本书中编者已将日元与人民币进行了换算，如无特殊指明，书中的"元"即为人民币的单位，下同。

时是怎样一番情景了。不过我们应该还会浮想出当年的一些感触——"工作这么多，薪水怎么这么少"，抑或是"比打临时工好多了"；也有人会想起当年用第一份工资给父母买礼物时父母十分高兴的情形。我们之所以会忘却，是因为多年以来领薪水已成了寻常事，并不会抱有什么特别的情愫了。只会心里想一句，"算了，大概就这么多吧"，继而接受了眼前的现实。

"理想与现实"是我们经常谈论的话题。

虽有理想（梦想），但多数情况却并不能顺利实现，我们称后者为现实。而就算梦想成真，人类这种生物还是会继续冒出新的梦想，永远得不到满足。

在工作这一问题上亦是如此。

自己所属的公司、工作内容、未来发展、人际关系、评价等，是客观存在的"现实"，而我们对这些方面都会有一个自己的"理想"（即希望它们如此这般）。然而实际情况往往事与愿违。尤其在工作方面，有很多时候凭着一己之力是无能为力的。

打个极端的比喻，想要在职场上实现理想，比一个运动白痴妄图跑完全程马拉松还要困难。平日里不常锻炼的人要一下子跑完很长一段路确实不易，然而若是参考这方面的书籍，列一个计划并努力练习的话，还是很有可能达成的。也就是说，这件事虽说辛苦,但只要靠自己的努力就能完成,关键就看自己本身是否有恒心和毅力。

但作为一个公司职员在一个组织中工作,很多情况下仅靠自己的努力是完全没用的。经济形势和运气等因素会起很大的作用,搞不好我们甚至会被自己公司的同事拖累。想要实现自己理想中的"工作方式"(或者说结果)确实很困难。

当然,我的意思并非劝大家知难而退,放弃希望顺其自然,而是告诉大家,在怀有"理想"的同时,我们还要学会忍耐和妥协。

关键的一点是,我们必须认清一个现实,即"我们并非独自在工作"。我们身边必定还有别人,无论你是否愿意。这个人可能是你的上司,是身边同事,也有可能是客户或者交易伙伴。

我们周围有各种各样的人,他们以各种身份工作,大家都是互相联系的。所以在理解这一点的基础上再去考虑"向着理想努力"是至关重要的。

那些学生时在各个方面大显身手、自信满满的人,往往容易陷入理想与现实的鸿沟,在"自己脑中描绘的景象"与"事与愿违的现实"之间不知所措。学生时代发挥出卓越领导力的人往往是凭一己之力来开辟前路的,但是在工作上,几乎没有什么事是仅靠一个人就能完成的。我们除了戒骄戒躁将那些课题逐个攻破外别无他法。

也就是说,较之以往,我们需要多一些忍耐和妥协。

不过那些在学生时代发挥领导能力的人在职场上大多也十分活跃,所以请你珍惜这份内在的积极进取精神。

达成一个理想(梦想)后,人们就会产生新的理想。这绝不是坏事,但需要我们按照自己的节奏一步一个脚印地去实现。

假设我们从 20 岁工作到 65 岁,那么就有长达 45 年的职场生活。其中会有各种"成功"和"挫折",万事总有不顺的时候。

我们要做的是在顺利时加快步伐,疲惫时放缓脚步,像跑马拉松一样控制好自己的节奏。

你是否有尊敬的伟人或是崇拜的商务精英?他们的历程必定不会一帆风顺。相反,凡是成功者,必会经历过多次错误与挫折,但这些却没有阻止他们不服输地向着"理想"前进并打破"现实",所以他们才能收获"成功"。

马斯洛的"需求层次理论"

美国心理学家亚伯拉罕·马斯洛提出，人类的需求呈金字塔形，分为五个阶段。

金字塔最下层是生理需求（食欲、睡眠、性欲等），其次是安全需求（住所、衣服、储蓄等），再次是社交需求（亲密、人际关系、组织归属感），接下来是尊重需求（受他人认可和赞赏），最后则是追求自我实现的需求（发挥自己的能力进行创造性活动、进一步成长）（见图 1-1）。

人类就是在这五个层次的需求中上下往复的。

也许有人会以为，大家都应该向更上层的需求迈进，然而也不排除处于金字塔顶端追求自我实现阶段的人突然遭遇不幸，失去了工作和积蓄，跌落至下层需求阶段的情况。

要想刚步入社会就一蹴而就到达最上层的"自我实现"阶段，

是十分困难的。

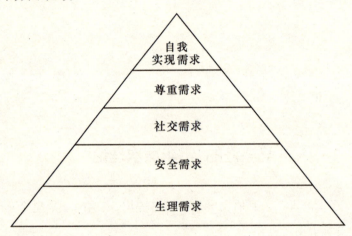

图 1-1　马斯洛需求层次理论

在起步阶段,我们最重要的两件事是整顿生活环境(安全需求)以及与新的伙伴尽快构建一个合作体系(社交需求)。等我们逐渐熟悉了工作并习惯职场后,才会产生希望得到周围人好评的"尊重需求"。

需求能促进人们成长,想尽快进入下一个需求阶段是一件好事。

毕竟,只要满足"衣食住行"就别无所求的人是少数——这从某种意义上也是一种豁达的人生观——大部分人还是希望能够尽早发挥出自己的能力,为社会为别人创造自己的价值。

第 01 章
开始工作前应该知道的事

你肯定也十分希望拼命工作赶快得到大家的认可,做一些"伟大"的、唯有自己才能胜任的、能获得别人赞许的工作吧。

然而,自我实现这个需求并非一朝一夕就能达成。我们必须怀有一种心态,那就是不偷懒,一步一步脚踏实地,该做什么的时候做什么,该学什么的时候学什么。这种心态十分重要。

年薪 20 万意味着每天赚 816 元

大家知道目前工薪族的平均年收入是多少吗？受地区和经济大环境的影响,平均年收入会有起伏。先不论你所在的城市平均年收入是多是少,我们来看看年薪 20 万元究竟意味着什么吧!

双休日和节假日不用去公司,因此一年中约有 115 天休息。① 除此之外,职员还能获得带薪休假的机会。一般进公司一年后,员工就能有 5 天的带薪休假。这样一来,总共的休息天数大约就有 120 天。

从一年(365 天)中减去假日(120 天),就能得出上班的天数(245 天)。

---

① 此处的休假计算方法已根据中国国情作了调整。——编者注

年薪除以出勤天数就能大概算出每天的薪水。

按照这样计算，年薪 20 万元的人每天能从公司处拿到 816 元（如果再算上社会保险、退休金、福利等公司负担的部分，实际金额会更多）。

一天赚 816 元确实不是小数目了。如果换算成时薪 50 元的临时工，一天就要干 16 个钟头才行（这恐怕难以办到吧）。

按照同样的方法计算，年薪 50 万元的人每天的薪水是 2041 元，令人震惊吧。

在长年累月的工作中，肯定有某一天你会因为身体不舒服而干不了什么活，或是因为宿醉导致一整天大脑空空，还有可能由于工作清闲而刷了一整天网页。

但即使在这样的日子里，公司依然会给你发薪水。如此想来，我们是不是应该对公司生出些"感激"之情了呢？

我们可以通过网络搜索到过去几年各大城市的年平均工资，不过相信大家更关注的是今后自己的年薪会有怎样的演变和发展。

现在是不拼命努力就拿不了高薪的时代。特别是职员不多的中小企业中，公司的业绩（利益）若与前一年持平，从理论上说就没法加薪。因为一般想来，如果业绩（利益）与前一年持平，人事费用的总额(所有从业人员的薪水总额)也应与前一年一致。

但另一方面,如果公司职员年龄分布从新人到快退休的老职员比较均等,即使公司的业绩相比前一年没有增长,一年后职员还是可以拿到大自己一年的前辈的待遇。由于每年都有人退休,就像小学、中学一样——有人毕业,就有人升级。这种情况下,人事费用的总额不变,但每个人还是可以涨工资的。

从这个意义上说,从业者年龄分布较平均的企业在业绩不见长时更能保证员工薪水的稳定。

但是,经营一家公司不只需要人事费用,设备投资及新业务拓展等都需要新的预算。这样想来,在实际情况中,任何企业处在"维持现状"的状态都很危险,必须持续成长才行。

所以,想要提高自己薪水的大前提就是公司收益必须得到提高。

脱离打零工生活

2000 年，日本临时工的人数已从 1982 年的约 50 万人一跃增长为 200 万人（据日本厚生劳动省①数据），特别是 25 岁到 34 岁之间这个年龄段作为公司正式职员就职的人的比例正在急剧增加。

前面我们计算过，年薪 20 万元的人每天赚 816 元，而一般的临时工无论怎样努力，都不可能长期维持这个数目。

所以，如果你还不是正式职员而在打零工，就请尽快寻找一个公司正式入职。临时工涨薪水的可能性微乎其微，所做的事也十分有限。

这种时候，打零工的人大多会这样回答吧："这种事我也知道。

---

① 厚生劳动省，是日本负责医疗卫生和社会保障的主要部门。——编者注

但现在经济形势这么严峻,我就是想找工作也力不从心啊。"

如果确实有困难,那么就强迫自己存一点积蓄吧。找一些如搬家公司、快递等与年龄无关,做一点就能赚一些的计件式工作,暂时拼一段时间。

有了积蓄,你就能去学校学习并考取一些资格证书。就算不拿证书,学习这件事本身也与日后的就业息息相关。实在不行,自己创业也是一条出路。

仅靠着每小时几十元的临时工作想着得过且过的话,你的生活就没有可发展性。我们不能仅仅维持现状,而要勇于打破它。

"做和昨天不一样的自己",只要拥有这份觉悟和积极向上的精神,你一定能给你的临时工生活画上句号,关键在于自己有没有干劲、有没有坚持到底的精神。

我有个朋友,就是从当年的打工仔变成了如今擦鞋界第一人。

他辞掉了受雇于人的临时工工作,在百元店①中买齐了全套擦鞋工具,开始在商业街为人擦鞋。他在商务人士经常路过的小路上,以一次几元钱的价格做起了小生意。

---

① 店内商品基本为 100 日元一件的零售商店,主要销售加工食品、日用品、文具等。

在每天擦鞋的过程中,他注意到其实擦鞋也是一门博大精深的学问,并从中不断探索出各种技巧。他确信,凭借自己的技术和经营模式,擦一次鞋收几百元也是有可能实现的。

当然,他的经历中也伴随着数不胜数的困难和艰辛,但这位友人现在已成为时尚的擦鞋匠,活跃在各处。从富人阶层到工薪阶层,还有家庭主妇中都有他的客户。还真的有人愿意一次支付几百元来请他擦鞋,在一些时尚杂志上也时常能看到他的身影。

从零开始创业不过几年时间,他就已经获得了第一阶段的成功。

也许这位朋友的经历算特例,但只要时刻拥有他这样积极向上的精神,无论是谁,都会受到机会的眷顾。

只要乐观地去思考,即使是打零工,也会看到一个崭新的世界。不过能否认识到这个世界,就全看自己有没有积极向上之心了。若只是漫不经心地过着打工生活,就永远登不上更高的台阶。

我希望你能凭借每天的努力和毅力跨过现在这道槛,很快有一天你会将过去的打零工生活作为一个很好的经验来回忆。

"金钱"和"工作内容"，哪个更重要？

工作的首要目的就是赚钱，然而这并不意味着钱是唯一重要的。工作是否有价值、工作与业余生活之间是否平衡，这些事的重要性也是毋庸置疑的。

那么"金钱"与"工作内容"，哪个更重要呢？选择工作的时候，我们应该把重点放在哪里？

这个问题笔者已经被问过无数次。每当这时，我都会毫无犹疑地回答："工作内容。"

即使工资很高，人也不可能长久地从事一份并不喜欢的工作。长期强迫自己勉力而导致体质变差甚至生病的情况并不少见。

一般来说，"金钱"与"工作内容"是一种此消彼长的关系。薪酬高的工作会相对更加艰苦。或者说，需要更高的技术和能力。

但即使十分辛苦,只要我们能从这份工作中感受到价值就没有问题。如果只是为了金钱而逼迫自己忍耐一份工作的话,总有一天身体会先败下阵来。年轻时也许还能撑着,但随着压力的不断积蓄,总有一天精神上和体力上都会出现透支。

也就是说,只看"金钱"来选择工作是很危险的。

如果你的目的是在短期内赚到一定数额的金钱,那么选择一些高收入的辛苦工作也合乎情理。但若要选择长期的工作,还是根据具体内容来决定为好。

当然,最理想的情况是两者兼备,拿着可观的金钱并做着喜欢的工作。

不过也要提一句,人类的欲望是无止境的。即使我们一开始对薪酬和工作十分满意,但随着时间的推移慢慢习以为常之后,我们也往往会奢求更多。足以维持生活的薪水和我们"理想中的薪水"并不是一回事。

选择职业的时候,我们需要意识到:选择符合自己性格的(不勉强自己的)工作中薪酬最高的那份工作。

工资是一个明确的数字,能给我们直观的概念,可以单纯地进行比较,然而一份工作的充实度和业余生活的充实度是无法用数值来计算的。这也可能是我们通常只在乎薪酬待遇而忽略工作充实度等方面的原因所在。

商务杂志会频繁地出一些"薪酬特辑"。其中的 A 公司与 B 公司的工资差别虽一目了然,却鲜有提及它们背后的工作内容及职场环境。即使提到,也很难让人作出正确的比较。

假设我们能把工作充实度与业余生活的充实度准确地数值化,例如年薪 20 万元,工作充实度 70 分,业余生活充实度 90 分。这样一来,那些模糊不清的部分也能明确地体现出来了。我们就不会像之前一样只看重薪水,而会反复比较这三个因素。

有些人可能会更看重业余生活的充实度,也有人会看重工作的充实度,毕竟人醒着的大部分时间都是在公司度过的。无论如何,我们的价值观都会发生一些变化。

即使收入上不尽如人意,但如果在工作内容及业余生活充实度上有很高的保证,也许就够了。

抱怨不见涨的薪水是抱怨不来幸福的,而为了高薪牺牲自己的身体和业余生活,从长远来看也不会有可喜的结果。

我希望大家能选择一份不只薪酬令人满意,而且能平衡工作内容和业余生活的工作。

金钱买不到的东西

什么东西用金钱买不到？乍一想好像没有，一转念又觉得有不少。

如果我们成为真正的富豪，也许就能对"钱买不到的东西真多啊"这句话有个真切的体会。一般情况下，我们根本没必要去思考这个问题。

不过经过仔细思考，我们还是可以大致列出以下几项。

· 友情、爱情（确实有不少人因为金钱而来，不过他们并不能成为真正的朋友）；

· 运动、求学中的进步和成就（要想有成就就必须付出努力，金钱买不来金牌）；

● 心情（自己的心情与别人的心情是金钱买不到的，自己欺骗自己尤其困难）；

● 时间及经验（每个人获得的时间都是平等的，在这些时间中你的所作所为决定了你能获得怎样的经验。时间和经验的价值高低完全要看个人，而不看花费多少金钱）；

● 天气（每当天气好的时候，我总会想，如果能用金钱来买一个这样的好天气，需要多少钱呢）；

● 法律违禁物品（从物理上说也许能买到，但会受到法律制裁，所以不考虑）。

以上这些，除了最后一项，其他全是我们可以免费得到的东西（也就是金钱之力决定不了的，与个人的努力、人的心情、自然现象相关的事物）。

虽然用金钱买不了，我们却能免费得到——这是多么的不可思议。

而正是这些我们能免费得到的东西，才是决定我们是否幸福的关键。发现"幸福是可以免费获得的"，你有没有松一口气呢？

被用金钱换来的事物包围的生活，较之每天受朋友眷顾、充满成就感的生活要逊色得多。后者会给人更高的幸福感。

这样想来我们就能够明白,金钱不是目的而是手段。

要实现幸福,金钱确实不可或缺。然而储蓄大量的金钱并非我们的最终目的。

要从一无所有的状态变成有钱人是一件十分困难的事。这不仅需要实力,更需要运气,有时还会伴随着艰辛和风险。

既然如此,就别去执著于当个有钱人,在自己能够努力的范围内赚相应的钱,接下来就去快乐地享受人生,如何?

因为,幸福是只靠努力就能免费获得的东西。

辞职不一定是坏事

据说,大学应届毕业生有 30% 会在入职 3 年内离开公司。好不容易进入一家公司,却在短时间内就离职,实在是可惜。

这个现象已经成为一个社会问题,有很多企业甚至出台了种种对策来防止这种早期离职现象。虽然也起到一定的作用,但仍然不能彻底解决问题。

统计和问卷调查虽不能全面地分析出早期离职的真正原因,但也暴露出目前年轻人身上的一些问题,比如承受压力能力弱、容易受挫折、与前辈和上司无法好好相处等。

但我在这里并不想指责辞职有什么不好。

反之,我认为,我们需要了解的是什么情况下人会有早期离职的倾向,并换位思考,如果我们自己遇到这种情况,是否能积极地去处理好这些问题。我觉得这些才是更重要的。

　　那么，让我们来思考一下早期离职有什么负面影响吧。

　　早期离职最大的负面因素是可能会对下一次求职造成不良影响。

　　在第二次求职过程中，面试官有可能担心你会再次草率地辞职。虽说辞职有各种原因，但你可能会被别人简单地判定为"毅力不足"。

　　所以真要辞职的时候，我们需要为下一次求职准备好充分的辞职理由，并且表达出对未来工作的决心和干劲，以掩盖自己的劣势。

　　另一个负面因素就是会养成爱辞职的毛病。

　　这一现象用"毛病"来形容也许太过夸张，不过当我们在辞职后顺利地找到下一份工作时，我们往往就会觉得跳槽原来是这么简单的一件事。

　　据说在有些行业中，不断跳槽也许会有助于成长，但是一般情况下，如果不能在一家公司脚踏实地工作到能独当一面，反复地跳槽是不会使人成长的。

　　即使是换工作，将前一份工作中积累的经验加以充分运用也是相当重要的。

那么,如果我们为了避免上述的负面影响,逼自己继续忍耐而不辞职的话,情况将会怎么样呢?

一种可能是,时间帮我们解决一切问题。也就是说,过了一段时间后我们习惯了,变得不再讨厌公司或工作。这种例子其实并不少见。

然而确实也有时间解决不了的情况。如果我们一直逼迫自己从事不喜欢的工作,精神上就会异常疲惫。精神疲惫后,体质也会变弱。如果发生这样的情况,我们就需要转换一下心情,走上新的道路。

在决定辞职之前,我希望大家冷静地思考下面三个问题。

- 为什么不喜欢?
- 有什么办法除掉这些让你不喜欢的因素?
- 和谁沟通会比较好?

关于"不喜欢的原因",请你尽量用自问自答的方式具体地逐条列出来。

打个比方,如果"不喜欢上司"是原因之一的话,就请再详细地思考一下,是生理上的原因吗? 还是因为某天被他毫无道理地唠叨一通后从此害怕与他接触？还是说上司对工作的指示总是令你费解？请将这些具体的原因分析出来。知道了具体的原因，就能帮助我们找到解决问题的线索。

原因锁定之后，下一步我们就该思考"怎样做才能把这些因素除掉"。

例如，换个上司（或者自己调去别的部门）就能解决的话，我们就思考一下有没有可实现性。

关键在于，当你感到"不喜欢"时，首先思考其原因和解决问题的可能性。将这些稍加整理之后，我们就能进入下一步——与人沟通。

沟通的最佳对象是你的家人和好友。

首先，你可以向他们说说自己的烦恼，寻求理解。不需要他们有什么建设性的意见。通过诉说，我们就能更清楚地看到自己究竟是对哪一点存在不满。

在与他们交流的过程中，如果对方也曾有类似的经历，你可能会受到鼓舞，知道"原来大家都不容易啊，我也应该再加把劲"。

若身边没有能够交谈沟通的亲人或朋友，在网上查找一下与自己类似情况的人是如何处理的，也不失为一种方法。从个人的博客到专业的咨询网站，相关的信息非常多。

因为网络不是直接面对面的对话,所以可能不够充分。不过听听那些过来人的"经验之谈",相信还是非常具有参考价值的。

如果这样还解决不了你的问题,你就要去跟公司的同事谈一下了。这需要很大的勇气,但有时确实可以得到非常有效的建议。

提到公司内的沟通对象,也许你的脑中会先浮现出上司或者人事主管,如果是小一点的公司,甚至可以是老板。不过我建议大家先去找关系好的前辈。即使这个前辈不能直接为你解决问题,也会为你提出一些建议,比如"这个情况去找那个谁说一下比较好"或是"这种情况你这样思考一下是不是就能想通了呢"。也许这个前辈也曾有过类似的经历呢。

选择沟通对象的原则是这个人一定要站在你这边。然后,你再试着逐渐客观地把握整个情况并进行处置。

在与各种人沟通的过程中,你心中"不喜欢"的情感可能会变淡,也可能会找到去除让你不喜欢的因素的好方法。反之,如果通过沟通,你觉得用任何手段都解决不了问题的话,它也能帮你下定决心离开这家公司。

毕竟,这种不好的状态如果长久持续会使身体垮掉,所以我们要尽量在那之前作出决断。

决定辞职后,我们要尽量让自己取得有利条件。

比如有些公司规定：在职一年后辞职可以获得退职金（大家可以了解一下公司的相关规定）。如果你正处在进公司的第 11 个月，那么大可为了退职金再等一个月。

还有可能公司不久之后就会发奖金，那么等拿到奖金后再递交辞职申请会比较合算。若公司知道你会辞职，奖金金额可能会削减。

在找到下一份工作前，我们可以依靠失业保险暂时维持生计。

失业保险也有诸多相关规定。自愿辞职（即自己主动辞职）与公司原因辞职（公司破产、裁员等与本人意志无关的辞退）这两种情况能拿保险金的时间是不同的。

如果是自愿辞职，要等到辞职后 100 天才能拿到钱，而公司原因辞退则 8 天后就可以拿到钱。如果你指望尽快拿到这个失业保险的话，申请"公司原因辞职"会更好。

当然，辞职理由不是我们可以瞎编的，不过有些公司为了能让职员圆满辞职，即使职员自己提出辞职，根据需求也会为其提供"公司原因辞职"的相关证明。

但是我要提一点，如果仅仅是为了保险金，我们确实可以这样做，但这种行为也会给下一份工作的面试官带来一些不好的印象。究竟怎么选择，还需要你自己权衡利弊，进行思考。

总而言之,如果总处在一种厌恶的工作状态下一味忍受,就不会有进步。

先尽己所能去解决,若实在解决不了,就尽快下定决心换一份工作来换换心情吧。

不过,在目前的社会环境下,求职的形势还是比较严峻的。即使要辞职,我们也应避免心血来潮的"冲动",一定要冷静地思考未来,并加以计划。这样做,才能避免日后悔不当初。

上司和同事不尽如人意时

我们也可能遇到这样的情况。很喜欢一份工作,但对上司却总也喜欢不起来。

"为什么要因为这样的家伙让自己不开心"的想法随时可能袭来。

但是,为了一两个自己不喜欢的人就辞职,实在很可惜。

当我们喜欢这份工作,却因为个别人而让你觉得在这家公司待着索然无味时,可以通过这种方法来解决——对工作寄予远大的理想。

假设你是一家旅行社的职员。你十分满意自己的工作,却有一位总也与你合不来的上司。且这位上司经常挤对你,使你快要忍不下去了。

这种时候,如果你对工作怀抱远大理想,就能轻而易举地战胜这些难关。

"我要成为业内第一的导游!"

"我要规划出南极游、北极游,给全日本的人带去新的冲击和感动!"

"利用导游的身份走遍世界,积累经验,将来成为人气第一的作家!"

"为外国游客制订出更好的旅行计划,让他们能更好地了解日本,满载而归!"

当然,其他远大的理想也可以,有多少条也没问题。

一旦我们有了远大的理想,烦人的上司也好,讨厌的同事也罢,都会一下子变得微不足道了。

并且,当你向着理想前行的时候,也许比这位讨厌的上司更高一级的上司会发现你的努力和辛劳。只要向公司证明,你比你的上司更有价值就够了。

为实现远大的理想而奋进,会让你自信自己对公司的贡献比那个不讲道理的上司要多得多。接下来只要在业务上超越他就行了。

要做到这一点也许需要我们不少的努力和忍耐。不过只要拥有远大的理想和坚强的意志,就一定有实现的可能。

有不少刚刚踏上社会的年轻人向我咨询人际关系方面的问题。每当这时,我都会奉劝他们要抱有自己的"远大理想"。

这样一来,大部分人都找到了积极的解决问题的方向。他们反馈给我说:"虽然上司仍是一如既往地讨厌,但这也从另一方面激励我,让我充满干劲。现在我所想的就是要尽快超越他。"

沟通的基本原则

假设你在旅游时登上一艘观光船。

从甲板往外看的时候，你发现一个 5 岁左右拿着气球的小男孩正在岸边向你挥手。你会怎么办呢？

人们经常把沟通交流比作接投球。拿气球的小男孩向你投出了球，那么就请你一定要接住它并投回去。也就是说，请你也招招手回应他。

这没有什么不好意思的。相反，如果你注意到拼命挥手的小男孩却视若不见，才会让人更遗憾。

婴儿要靠与父母沟通交流才能成长。随着孩子沟通范围的扩大，他在与朋友、老师等各种性格、各个年龄层的人的接触过程中，逐渐形成自己的人格。

沟通是社会生活的基础,也是社会生活最重要的要素之一。

一个人的头脑再怎么好,知识再怎么丰富,若没有足够的沟通能力将这些传达给他人,知识的价值就会减半。

反之,即使经验和知识并不多,我们也可以通过良好的沟通技巧将这些 100% 传达给他人(相互理解)。所以沟通能力强的人即使知识和经验并不丰富,也可以不断从对方身上得到各种各样的信息。

沟通中既有趣又困难的一点便是根据 TPO(时间、地点、场合)的不同,采用不同的沟通方式。我相信有不少人因此而苦恼。但从根本上来说,其基本原则就是:"对方扔什么球过来,就投差不多的球回去。"

对方如果是半开玩笑的,那我们也用轻松的口吻来应对。如果对方用认真的口气,我们也要表现出认真聆听的态度。

如果弄错这一点,后果将不堪设想。(但是对方如果处于发怒的状态时我们也用同样的态度回敬的话,可能导致事态恶化。所以根据情况不同来改变会话气氛也是沟通的重要技巧之一。)

不善沟通的人,会因为没有掌握上述这个基本原则而在各种场合吃亏。

打个比方,在职场中上司开玩笑地说了一番话。其实只要一笑而过就可以,有些人却用生硬的口气回问:"请问这是什么意思?"完全没读懂上司的意思。上司把球轻轻抛过来,他却鼓足全身的力气扔了回去。这样的人往往会被别人认为是不知变通的顽固之人。

在求职中,我们也经常能看到同样的情景。

因为工作关系,我负责过多次大学毕业生的面试。但无论我问什么,大家都经常会直直地把"球"给我扔回来。我觉得,虽然被面试者没有必要故作轻松地开玩笑,但我总是希望大家的回应能够再有意思一点(再自然一点)。

观察面试官投出的球(口气及气氛),再用合适的态度进行回应,会给面试官留下好印象。

工作中,做销售也是同一个道理,不同的是面试官变成了客户。生硬(无趣)的谈话很难给客户留下好印象。"认真"和"正直"确实是好事,不过最好是与客户扔出的球相呼应的"认真"和"正直"。

沟通虽只一词,内涵却博大精深。对于沟通,我们也有许多不同的思考。去书店逛逛,我们能发现众多关于如何磨炼沟通技巧的书,所以在这里我不谈论技巧性的内容。接着上述练好对话的"接投球",我想再补充的就是,"优美的语言表达"能给对方留下好印象。

想象一下，当你跟一个不认识的小朋友说话时，发现这个小朋友说话用词和语气都很有礼貌，那你定会感叹他"真有教养"吧。

这也是一名成熟的职场人士必备的能力。为了能够与人进行愉快的沟通，在注意接投球的同时还要注意正确的语言表达。

意识到这两个方面，无论在职场还是在私生活领域，你的人际关系都会更加顺利起来。别忘了还有一点，"微笑"是世界通用的沟通法宝，所以请在保持"微笑"上下点工夫吧。

最后要提醒大家，前面我写到"请一定要回应拿气球的小男孩"，但世间还是不乏一些心怀恶意的人。我们没有必要和每个人都有友好的沟通，如果放下戒备之心，很可能为自己招来麻烦。请一定小心。

学会对作出的判断负责

随着年龄的增长，人会有越来越多需要守护的东西。

走上社会后有了自己的收入，多多少少会有一些自己的财产。一般来说，人们的财产和地位会随着时间向上发展（这里说的财产并非仅指物质，还包括家人、朋友、信用等）。

得到某样东西后，我们往往不愿意再失去它。如果是特别重要的东西，我们还会拼命去守护它。

但有时候即使我们再努力守护，还是会失去一些重要的东西。

可以说，人生就是挫折的连续。特别是当你走上社会后，才会遭遇真正意义上的挫折。

学生时代，我们体验过的悲伤或挫折无非就是考试没考好或是和朋友关系紧张，又或是要和关系不错的友人分别。即使如此，你也拥有"上学"这条固定的轨道。且在这条轨道上，有师长、父母和朋友帮助你前行。

但走上社会之后,这条轨道就变得模糊起来。

在公司的业务内容方面,上司会给予指导。然而自己该如何进退,却只能靠自己决断。

比如说,跳槽的时候要选哪家公司,这个问题谁也答不出。根据客观的指标,我们也许可以比较出两家公司的优劣,但那家公司是否就是最佳选择呢? 这真的就只有天知道了。

又比如你成为公司骨干,要负责新产品开发。如果你能成功,自然会得到公司内外的好评,但一旦失败,就伴随着相应的责任。一般来说,你在公司的地位越高,承担的责任也就越大。

和上面的例子一样,走上社会后,你会频繁感受到"对工作的责任"和"对决策的责任"。

如果你认为自己是个合格的职场人士,那么就要做好准备,为自己的选择负起 100% 的责任。

不仅工作上要负责,私生活中也是一样。结婚成家后,你就要对家庭负责。

教育孩子是父母的责任。即使是让孩子课外学什么这个问题,也是一个有可能关系到子女一生的重要选择。

孩子生病时如何应对也是父母的责任。为了治病,父母要使出浑身解数想办法,选择去哪家医院。

选择有时候会成功，有时候也会失败。

我们要从失败中学习。不要把失败看作过去的污点，而应该把它作为宝贵的经验吸收到大脑中。今后我们很可能还会碰到同样的局面，只要我们到时候作出更好的选择就行。

如果自己的决策以失败告终，并给别人带来了麻烦，我们就必须诚恳地向对方道歉。承认自己的失败并道歉（反省），才能帮我们踏出下一步。

我是一个自负盈亏的独立经营者，工作上的失败和收入直接挂钩。

过去，凭借我自己的判断发起的项目却以失败告终的案例很多。每次我都会向那些帮助我的人或是受我连累的人赔礼道歉。因为通过道歉，我们就可以坦率地承认自己的失败了。最后，我们只要总结原因，就能吃一堑、长一智。

到目前为止，我在生意上的失败都属于低头道歉就可以获得谅解的范围。然而如果你的失败为他人带来了金钱上的损失，就必须作出赔偿。所谓"责任"，就是这样的。

人生会不断地面临"选择"。并且有时我们会作出错误的选择。

最重要的是在选错时承担起责任，去反省，并以此为动力，促进自己的成长。

"规则"不一定正确

公司里会有很多规则和工作规范,例如就业的各方面准则可以整理成"就业规则"。

除此之外,各行各业都有自己的行为准则和工作规范。

之所以制定这些规范,最重要的原因就是为了防止混乱和不公平。而且,通过这些准则和规范,大家可以分享到一些经验,以保证工作质量达到一定的要求。

但是这些准则和规范并非在任何情况下都正确。

"就业规则"是根据劳动法制定的,比较切实,几乎没有漏洞;然而各个公司自己制定的准则规范就可能会存在例外,特殊情况下甚至会与实际大相径庭。

对于这些例外,我们必须随机应变。但是世上总有一些顽固之人,视规矩为绝对准则。万一碰到这样的上司,就更令人头痛了。

有人将这种不知变通、规则至上的公司领导称为"正论上司"。

一般来说,"正论上司"都是拼命工作的认真的人。

或许他们因为对自己的决断缺乏信心,于是固守陈规、不容稍改。又或是因为他们对公司极度忠诚,抱有一种"公司的规则就要绝对服从"的近似信仰的理念。

但仅仅贯彻教条是不能服众的。再说了,即使理论没有问题,如果上司没法用随机应变的方式来传达,仍然得不到别人的赞同。

在贯彻规则的同时随机应变需要一定的直觉和经验。

有这份直觉的人能够随机应变地行事,欠缺这份直觉的人则要通过失败的教训来吸取经验。当尝到规则至上导致的失败后,我们就会学到,有一些情况需要我们随机应变去处理。

随机应变不仅能运用在工作上,让组织顺利运作的沟通技巧,为节省时间提高效率而采用的小窍门,都在其范畴内。

总之,我们要记住,规则不是绝对的,能够随机应变也是一个可选项。

说两句题外话,世界上是有"真心话"和"客套话"的。

时时刻刻都讲真话也许会让问题解决得更快,但却难免会使人和人之间的关系变得尴尬。而日本人尤其注重这个"客套"。

在商务活动中有很多需要我们摊牌"直说"的情况,但如果弄错了方法,就容易给人留下傲慢无礼的印象,所以我们还是要意识到场面话的重要性。

因此,就算我们坚持自己的正确理论,也必须充分理解对方是"本意"还是"客套",用俗话说就是要"看得懂眼色"。

不要仗着自己有理就咄咄逼人地对待部下、同事或客户。商谈并非辩论赛,就算把对方逼得无话可说,证明了你的正确性,但如果招来反感,也是徒劳无功的。

没有必要把世上的"黑"和"白"分得清清楚楚。

无论哪个领域都会有"灰色地带"。灰色地带有时候会接近"白",而说不定哪一天就会偏向"黑"。所以对待这个"灰色地带",我们也只需随机应变地处理就可以了。

只有看清对方的"本意"和"客套",并随机应变地去应对,才是真正的"正论"。

如何寻找适合自己的工作

怎样找到适合自己的工作呢？有很多方法可供我们参考，性格分析就是其中一种。除此之外，我们也可以根据过去的经历去分析自己喜欢哪些工作，又不喜欢哪些。

我在这里介绍一种更简单也更有实践性的方法。

请大家思考一下，自己最想从什么人的口中听见"谢谢"两个字呢？

能听到顾客对自己说"谢谢"，是一件十分令人高兴的事。

问卷调查中"你为了什么而工作"这个问题，经常出现的答案是"想看到顾客满意的表情"、"想听到感谢的话语"等。

对于工作的人来说，一句"谢谢"是最能激励人的。

不过也许有人对客户的"谢谢"并没有太大的感觉，我对此就有亲身体验。

　　大学毕业后,我进入了一家从事度假区开发的公司。公司主要的业务就是运营度假区酒店、高尔夫球场、滑雪场等。

　　经过两周的培训,我被分到宣传部。因为这是我的第一志愿,可以说是如愿以偿。然而要胜任宣传部的业务,必须先熟悉一线情况。所以工作第一年,我被派往酒店、高尔夫球场及滑雪场等地接受培训。

　　培训内容以接待客户为主,但我原本就不喜欢这种工作。虽说我明白新人什么都该学的道理,不过个人的喜好不是那么容易就能改变的。

　　不喜欢归不喜欢,因为是工作,我还是拼命地去适应。当酒店服务生的时候,我微笑着去为那些遇到困难的客人提供帮助。问题解决后,我总是能得到他们的感激和笑容。

　　还有一次,滑雪场的停车场里有客人的车被雪困住开不出来。我用铁锹帮忙铲雪,那位客人后来专门送来礼物对我表示感谢。

　　然而我对客人们的"感谢",并没有太大的感觉。

　　并不是我感觉迟钝,我也有为一句"谢谢"由衷高兴的时候。不过这句感谢并非来自客人,而是来自我的上司。

　　培训接近尾声的时候,箱根酒店的经理(也就是我当时的上司)给了我一个课题,让我思考一个能受客户们欢迎、让他们高兴的"东西"。

那时我已经在这家酒店当了一周的服务生,常被客人们问到的问题就是,附近有没有风景好的散步路线。

想到这点,我制作了一张"散步指南(地图)",并收集了一些与箱根旅游相关的书籍,在酒店内设置了一个迷你图书馆。这并没有花费我太多的工夫,不过客人们的反响非常好。于是,我受到了经理和同事们的赞扬。

我对客人们口中的"谢谢"并没有太大感觉,却被经理和酒店同事们的褒扬深深影响,不由自主地想要"再努力一些"。

由这些事来看,可以说比起接待客人,我更适合在后方负责支援性的工作。比起客人们的"谢谢",我更喜欢听上司和同伴们说"谢谢"。

大家在思考自己适合的工作时,大可想象一下自己在什么情况下听到"谢谢"最欣喜。这可以作为一个判断标准。

在你现在的工作中,谁最常感谢你呢? 而他的感谢能否激励你呢?

如果你对他们的感谢并没有感到喜悦,也许这份工作并不适合你。

当工作中听到的"谢谢"能使你感到由衷的喜悦并成为你前进的原动力时,那么这份工作就是你的天职。

掌握良好的生活节奏

无论是学生还是职场人士,每天的基本行为都差不多,有放松的时间、集中精神的时间、机械劳动的时间、移动的时间、吃饭和睡觉的时间等,但其中的内容却大相径庭。

一般来说,我们被固定在公司里的时间比在学校的时间还要长。

另外,工作大多有其时间安排,不能按照自己喜欢的节奏来,所以我们往往会感到自己被工作"追着跑"。尤其是刚开始工作的时候,我们需要记很多东西,更觉得辛苦。

总之,跟学生相比职场人总是会觉得"时间不够用"。所以想成为"精英",势必要在时间的运用上下苦工夫。

要想度过充实的工作时间及私人时间,高明的时间管理法不可或缺。

市面上也有诸多关于怎样利用时间的书籍，这也说明对这件事上心的大有人在。在这里，我向大家介绍一种可以有效利用时间的方法——"生活记录法"。

"生活记录法"的第一步就是回顾目前的生活（行动）。在家悠闲度过的时间、工作时间、吃饭、睡眠、娱乐的时间等，会有很多种时间。

光是回想，你肯定还不能准确地把握这些时间，所以请把自己一天的行动用不同颜色记录下来（也许大家在小学或中学时做过类似的事情）。

比如说，睡觉时间用蓝色，吃饭用红色，路上移动的时间（在车里发呆）用绿色，移动时间（在车里看书）用绿色加斜线，工作时间用黄色，工作时间（快乐的）用黄色加斜线，与工作无关的私人时间用粉红色，可以促进工作的私人时间用粉红加斜线等。按照这种方法，制作出一张表示你一天行动的日程表来。（基本原则是以不同颜色来标注不同行动，有意义的就打上斜线。）

坚持这样记录一段时间后，你就会对自己的生活一目了然了。

通过分析这个生活记录，你就能发现大量被自己"浪费"的时间，或者发现能够更有效地去利用的时间。

同样是在路上的时间（上下班时间等），发呆的情况和看书的

情况用不同的记号标注,我们就可以非常细致地把握生活的方方
面面了。

　　进行全方位的分析之后,我们就要来调整生活内容了。

　　如果你觉得睡眠不足,那就调整一下,多用点时间睡觉;若觉
得在与朋友交往上耗费时间过多,就有意识地去进行调整;而那些
在工作中感受不到快乐的人,就有必要重新思考一下这份工作是
否适合自己了。

　　既然是自己的生活,不记录也会心里有数。但从感觉上把握
和下笔去记录事实并仔细回顾完全不一样。我也不是每天都记,
但在大环境转换或是自己有意识地想做一些改善的时候,"生活记
录法"是非常有用的。

　　请大家先做一周记录吧,它肯定能帮助你更好地掌握生活的
节奏。

成为工作的"专家"

既然从事了一项工作，我们自然希望成为此中的行家里手。

所谓行家里手，说白了就是"专业人士"。拳击、高尔夫等领域有专门的测试，通过了测试就能成为"职业选手"，然而在我们的职场中却没有这种考试。

那么在职场中，具有怎样的实力才能算是"专家"呢？

对于专家的定义有很多，我认为最重要的有以下几点。

1. 以此赚钱。

2. 在该领域受到别人的高度评价。

3. 能简单易懂地向外行人说明该领域相关的知识。

在上述基本条件上再加一条，即：

4. 在该领域不屈不挠地最大限度发挥自己的能力。

关于最后一点，也许有些人会觉得，只要最终得到的结果好，就算过程中并不是全力以赴也无碍其成为"专家"，但我最重视的恰恰就是这一点。你对一个领域显示出的态度和钻研精神得到他人的认同和赞赏，才是所谓的专业人士。

日本有一项叫做"竞轮"的自行车竞技比赛。因为参加该比赛的都是职业选手，所以只要参赛就能获得奖金。但是这里所说的参赛并非只是亮相骑几圈就行。比赛要求选手们必须拿出全力，稍有懈怠就会被认定"缺乏奋斗精神"。不光丧失获奖的权利，还会受到惩罚。选手们必须尽到"全力拼搏"的义务。

一旦成为专业人士，就必须有这样的觉悟。

职场中亦是如此，"全力以赴"的态度非常重要。在此基础上，再得到客户、上司、前辈、同伴、后辈的认可，才算是达到了"专业人士"的境界。

刚进公司的新人也能通过工作获得报酬，所以条件1"以此赚钱"已经满足了。

但要到达条件2、3的境界，就需要我们花更多的时间和努力来充实自身了。为此，条件4"全力以赴"的态度就显得异常重要。

千万不能只耍小聪明。要知道，小聪明是有极限的，有些诀窍确实能让工作多多少少顺手一些，但会缺乏一些深层次的东西。

为了成为"专家"，我们必须全力以赴地对待工作，不到满意绝不妥协。

当个堂堂正正的纳税人

靠自己的双手挣钱的人都是了不起的纳税人。

从你的工资中扣除的所得税正为建设我们的国家发挥着作用。所得税是直接从工资中扣除的,所以大家也许并没有太大的感觉,但这丝毫不影响你成为一名光荣的纳税人。

说到纳税,你也许会想到自己以前买东西也要付消费税,已经是纳税人了。但与消费税这样的间接税不同,你付出努力后上缴的所得税另有意义。

所得税根据各人收入的高低有所差异。收入越高,纳税金额当然也会越高,然而无论纳税金额是多是少,大家使用公共设施的权利却是平等的。

也就是说,纳税金额越多,我们对国家的贡献也就越大。

企业也要纳法人税。同样的道理,效益越好的企业纳税越多,对国家的贡献也越大。

请将纳税作为自己的荣耀吧。

当然,税交多了属于自己的钱就会相应变少,的确不是一件让人高兴得起来的事。不过想到自己的钱为建设和平美好的社会起到了作用,相信你并不会反对。

这样想来,滥用税金这个社会问题可就不再是事不关己的事情了哦,大家是不是觉得它一下子就跟自己的联系紧密了许多呢?

第 02 章

深入了解公司和工作

了解公司和行业的整体结构

工作中最重要的东西是什么?

对于这个问题,我肯定会回答"理解其整体结构"。这里所说的"整体结构"也可以用"规则"、"背景"等词替换。

不仅工作有规则,体育运动和游戏也有自己的规则,万事万物都不能离开规则。

直到今天,我才切身体会到"理解工作的结构原理"是何等重要。记得刚进公司的时候,我满脑子光顾着想怎样熟悉工作,成为一名合格的员工。

当时,结束了在一线的培训后我被公司派往宣传部门。宣传部门主要负责的业务是为公司的一个滑雪场项目制作海报、宣传册和投放广告等。

作为新人,我老老实实地按照指示去熟悉工作。当时我所需要的能力说白了就是"事务处理能力"。

拿制作宣传册来说,我要做的就是对酒店和滑雪场送来的资料(价目单或服务内容)作一些整理,再交给负责宣传册制作的广告公司。几天后,对方就给我提出了数个设计方案。我请上司和一线的人来把关,综合多方意见后,向广告公司传达我方的修改意愿。将上述过程重复两三次,就能得到最终的设计方案。

接下来是印刷工作了,联系好印刷厂后过一周左右就能拿到成品。

看着制作完成的作品,我也一度非常有成就感。但仔细想想我所做的事,无非就是"联络和调整"罢了,我只不过是整个流程中的一员。只要有事务处理能力和一定的沟通能力,谁都可以胜任。

现在想来,由于当时我没有理解整个工作的"结构",导致我没能对完成的宣传册有总结和反思,自然也没有能力对今后的工作提出什么改善的建议了。说白了,我只做了表面的工作。

那么就事论事来说,怎样才能更好地完成制作宣传册这项工作呢?

制作流程如下:

1.决定价格、服务等内容。

(我)整理一线提供的资料并交给广告公司。

2. 广告公司制订文案和设计方案。

（我）与上司和一线人员对设计方案、文案进行研究讨论，整合各方意见后联系广告公司。

3. 修改文案与设计方案。

（我）再次对修改后的设计方案进行确认，没有问题的话就交印刷厂印刷。

4. 印刷成册。

5. 完成交货。

在上述流程中，我对不是自己负责的工作内容完全没有了解，只觉得自己提出要求然后等着就好。

但如果这样长期下去是不行的。

若想对自己的工作有更多的了解，最起码也要知道不是自己负责的部分别人都做些什么。在此基础之上，还可以去研究一下其他公司的宣传册或是本公司以前做的产品。总之，我需要学的东西相当多。但当时我并没有了解宣传册制作整体流程的意识。

按照上司说的去做，只能保证工作顺利完成，但这是不够的。只有从整体上理解和把握工作内容之后，你才不再是为了完成工作而做的。这时候，你才有水平提出建设性的改善方案。

接下来,我给大家介绍几个在了解事物整体结构时有用的提示。

1. 它是怎样一个系统(构造、规则)?

2. 完成这项工作后,谁会满意(工作是为谁做的)?

3. 以前是怎么做的(历史、变迁)?

4. 别的公司、竞争对手是怎么做的?

5. 这项工序的前一项是什么,后一项又是什么?

6. 有没有相关的法律规定?

理解了自己的公司和工作的整体结构,就能在必要时提出有用的改善意见和新的构思。如果不去思考这些,你就会始终停留在"别人怎么说我怎么做"的阶段。

另外,相信在生活中常会有让你感慨"这个真方便啊"或"那个真厉害啊"的时候,即使它与自己的工作没有直接关系,我们也可以了解一下它们的构造。

比如说,快递为什么第二天就能送到? 现在大部分地区都把次日收到快递当作一件寻常事,但在我小时候,并没有这项服务。能有今天这么便利的机制,其背后必定有众多企业和人员的努力。

当你感叹"快递真方便"的时候,就去探究一下它实现的原理吧。这个社会上必定有很多让人惊叹的机制。即使与自己的工作无关,多了解一些总没有坏处,它们能帮助你开阔眼界。

了解劳动相关法律法规

工作的人大致可分为两类,即经营者和从业者(职员、兼职等)。身为工薪阶级,我们哪怕跻身部长一级的管理层,也仍属于从业人员。

一般来说,从业者按照经营者的指示来工作。大公司中,会有一个从经营者到管理层,再从管理层到一般职员的指挥系统,但追根溯源,还是以经营者的指示为本的。

如果经营者是个好人,这样做问题当然不大,但社会上毕竟还是有些违法对待从业者的人。可能有许多人选择忍气吞声,担心一旦反抗经营者,以后就没有好果子吃了。

然而大家要知道,我们相关的劳动法律法规正是为了保护大家的合法权益,保障大家的安全,防止这些不正当的用工手段才被制定出来的。

与劳动相关的代表性法律有《劳动法》、《劳动合同法》。相关的法律法规大致有《最低工资规定》、《工资支付暂行规定》、《女职工劳动保护特别规定》、《劳动保险法》、《工伤保险条例》、《工会法》、《企业职工劳动安全卫生教育管理规定》等。①

不过,我们没有必要去记住所有的法律,其实早有人为我们整理了从业者需要了解的东西——每个公司都会制作"从业规则"等各种规章手册。

当一个公司达到 10 人以上规模时,就必须制定"从业规则"(不满 10 人时最好也做好制定的准备)。

你的公司里应该也有一份这样的"从业规则",这是公司雇人时遵循的准则,十分重要。

从业规则中有必写内容(通常包括劳动时间、工资、辞职的相关问题)、特定情况下的必写内容及自由内容。因此有些公司的就业规则可能会相当详细,而另一些公司的就相对简单。

对于从业者来说,最重要的就是劳动时间、工资、辞职等问题。所以这些必须在从业规则中有所体现。也就是说,工资、加班、休假、带薪休假、辞职等问题在规则中一定会有提及。

---

① 本段中相关法规名称,译者在编译时已相应换成我国的法律条例。——编者注

如果不了解这些,我们就不知道自己的权益。所以在掌握工作内容的同时,我们一定也要了解从业规则。

另外,在一般情况下,从业规则中还会提到一些工作时要注意的问题。比如说:

- 不得做出有损公司名誉及信用的行为;
- 保持着装整洁、仪态端庄;
- 不得随便使用公司物品;
- 不得接受或要求客户馈赠;
- 不得泄露公司机密;
- 不得做出性骚扰行为或言论,有损工作环境;
- 不得在工作时打私人电话或收发私人邮件;
- 不得在公司内进行政治、宗教活动。

每个公司都有自己的一套要求。

这些工作守则往往事关处罚或解雇。也就是说,如果我们不能遵守这些规定,就可能面临警告、降薪、劝退、免职等处分。所以我建议大家去确认一下自己公司的这份从业规则。

因为从业人员是有权阅览从业规则的,所以公司应该不会拒绝。只是要注意,在一些小公司里如果员工要求看从业规则,也许会被认为对公司有什么不满。

"老板"是什么人？

公司一定会有老板(经营者)，且老板的行动(能力)对公司的业绩有很大影响。特别是在 100 人以下的中小企业里，老板一个人的行为决定了 95% 以上的公司业绩，由此可见其身负责任之重。

老板也分两种，按其所持股份可分为"总经理"和"董事长"。

总经理指那些与公司创业者没有血缘关系，与其他职员拥有同样机会，凭借之前的业绩表现及领导力而当上经营者的人。一般来说，历史悠久的大型上市企业中通常都设有总经理一职。

上市企业是指所发行的股票经过国务院或者国务院授权的证券管理部门批准，在证券交易所上市交易的股份有限公司。这些公司的股东构成非常复杂，也就造成有权说话的人很多。且这些公司都有义务公开一定的经营信息。

如果股东认为总经理没有经营能力,他就有可能被迫辞职。

而"董事长"则不然,董事长拥有公司的决定权。即使是有限责任公司,不上市,董事长也拥有占多数的股份。他不能被辞退,而且可以把老板的位子传给儿子。

但是与此相对的,其责任也十分重大。比如说在融资的时候,银行可能会要求老板用个人财产进行担保(若公司本身的价值获得银行认可也可以作为担保,但中小企业基本都达不到要求)。

也就是说,一旦公司破产,老板会损失惨重,不乏有人因公司破产而倾家荡产。可以说,公司和老板的命运是拴在一起的。

理解了这个背景,我们就可以知道中小企业老板的大致形象了——自己工作努力,用起人来也毫不客气。

中小企业的"老板"对新员工都抱有极大期待,往往不想花时间培养,而是希望他们一进公司就成为"战斗力",为公司作出贡献。没有哪个中小企业的老板会从长计议,想要慢慢培养新人。他们总是希望新员工越快作出贡献越好。一般来说,若你不能创造出高于工资 5 ~ 6 倍的价值,公司就是亏本的。

除了要负担从业人员的工资,公司还要负担办公室的租金、电费、电脑及办公用品等消耗品的费用、销售的相关经费及原材料购买费用等。只有当所有职员创造出 3 倍于工资的价值时,才能省出这些费用。

尤其在小公司里只要有一个人工作效率低下，立刻就会给经营带来压力。反之，小企业中只要有哪怕一个优秀的人才，就能成为巨大的原动力。

老板擅长及不擅长的领域对公司也有巨大影响。

对产品开发及设计很有经验的老板也许会和职员一起奋斗在商品企划的最前线。但是另一方面，他对人事、行政管理等方面就会有所怠慢。

善于做销售的老板会亲自充当公司首席销售员各处奔忙。相对的，他也许就不能对公司整体的组织运作有一个周到的监管。

老板并不一定要是"经营管理能力"过人才行。特别是在中小企业，和赚钱与否直接挂钩的"产品开发能力"及"销售能力"也许更为重要。

如果老板只具备"经营管理能力"，那么公司就需要另外的优秀产品开发者和对外销售人员。

虽然都叫"老板"，但根据公司规模和业界形态的不同，老板也分为很多种。

你所在公司的老板属于哪一种呢？了解本公司老板所擅长的领域及思考方式，对预测该公司未来的发展有重要作用。

来自老板(公司)的讯息

你所在公司里,老板是通过什么形式向职员传达讯息的呢?

在大公司里,我们见到老板本人的机会并不多,也许根本没有"老板的讯息"这个概念。在有些公司里,我们可能通过邮件等方式偶尔窥知老板的想法,然而频度必然不会太高。

与此相对,在小公司中直接收到老板发出的指令却是很寻常的事,这点和大公司的部长有点像。

其实,即使我们不通过直接对话(包括邮件),老板(公司)的讯息仍然存在。

这就是"企业理念"。

大多数公司都会有自己的"企业理念"、"基本方针"、"企业制度"等一套东西。有的是短小的标语口号,有的却不乏长篇大论。也许它的内容和具体工作并不相关,但它反映出了公司最根本的思考方法和目标。

就算不了解企业理念,也不会影响我们工作,有些公司甚至就没有"企业理念"。然而"企业理念"对于提高员工归属感、促进团队合作还是有着不可小觑的作用。它是公司所有职员共同的目标,即使大家的工作内容各不相同。

顺着"企业理念"再进一步,就会看到企业的品牌形象。

这里所说的企业品牌形象,有企业花钱打造出的外观性质的方面,但其本质是"公司对客户的承诺"。也就是让客户了解,"本公司的商品是基于这样的理念生产的,公司对您会有一个这样的承诺"。

"企业理念"在各大企业的官方网站上都有登载,请允许我在这里介绍几个。

- CALBEE 集团①

我们致力于运用自然的恩惠创造出幸福与美味,为人们带来更健康的生活。

- 资生堂

我们将通过与众多人们的接触,旨在寻求新的、更为丰富的价值源泉,并利用它们给我们服务对象的生活与文化增添更多的美。

---

① 日本著名的零食、食品制造销售集团。

行为规范：

1. 努力为客人带来喜悦。

2. 不拘于形式地追求结果。

3. 敞开心扉交流。

4. 深思熟虑，大胆挑战。

5. 怀有感恩之心。

● 电通集团①

让人惊叹的创意；

让人赞叹的技术；

让人叹服的企业家精神；

我们凭借以上三点掀起革新。

不断为人类、为社会带来新的变革。

标语：

Good Innovation（良好的创新）

● 和民集团②

标语：

成为地球上汇集最多感谢的组织。

---

① 日本最大的广告与传播集团。

② 业务领域包括餐饮、护理、农业、环境等。

任务：

为了提高全人类的人格素质，创造更好的环境与提供更好的机会。

集团各公司的经营基本目的——我们所追求的：

为了公司的繁荣、职员的幸福、合作伙伴与相关业务往来企业的发展，为了创造新文化、人类社会的发展、人类的幸福作贡献。

集团员工对于工作态度的口号：

从零开始。

开朗、无拘无束地工作。

集团员工对工作的心态：

和民集团应该是一个为了实现同一目标而同心协力的集体。

◆ 保持感恩之心。

感恩是热情的源泉，热情是迈向成功的起点。

◆ 逆境中不悲观，顺境中不骄傲，时常保持不屈不挠的精神不断地挑战。

◆ 奋斗到胜利为止，从极限再迈进一步，结果决定一切。

◆ 必须拥有问题意识。

发现问题与解决问题才能创造下一个商业契机。

◆ 坚持就是力量。

坚持每一天的努力就会赢得信赖，信赖产生力量。

和民员工的行为准则：

和民员工在日常工作中要时刻谨记以下的准则、按此行动,时刻保持和民集团应有的精神面貌。

◆ 保持谦虚的态度,勿忘感恩他人；

◆ 为他人之喜而喜,为他人之忧而忧；

◆ 要遵守承诺,不讲谎言；

◆ 不发牢骚,不讲他人是非；

◆ 面带微笑、精神饱满地与人问候；

◆ 不说"不会"；

◆ 不把失败归咎于别人；

◆ 大胆发言,果断实施；

◆ 听取他人的意见；

◆ 不做自己羞愧之事。

怎么样? 不同公司的企业理念亦各不相同。可能你会觉得这上面写的都是些冠冕堂皇的漂亮话,不过只要全体员工都有意识地去实践,就能为公司的发展和社会作出贡献。

了解工资明细

工作的动机因人而异,不过绝大多数应该是为了"获得工资"吧。生活需要钱,而大多数人的生活来源就是工资。令人吃惊的是,真正了解自己工资明细的人少之又少。

公司职员的工资由公司负责计算,个人所得税及社会保险会事先扣除,因此大多数人只是根据到手金额来感觉这个月拿了多少。

公司在计算工资时一般不会出纰漏,但了解整个计算过程还是相当重要的。仔细一看,你说不定会感叹竟然要交这么多的个人所得税和社会保险。

让我们来看一个工资明细的实际例子吧。

表 2-1 ××公司××年×月份工资计算单

	基本工资	岗位津贴	住房补贴	通讯补贴	餐费补贴		
应发（元）	3500	/	/	/	/		
	加班补贴	交通补贴					总应发额合计
	320	240					4060
扣除（元）	社会保险（以上年最低工资的60%为基数。养老金8%，失业金1%，（非农村）医疗保险2%，大病保险4元）	事假	病假			扣税对象额	所得税
	105.15	/	/			3954.85	13.65
							扣除额合计
							118.8

续表

	规定出勤天数	实际出勤天数	缺勤天数			带薪休假天数	剩余天数
出勤	22	22	0			0	8
	加班时间						
	20						
总计							实发金额
							3941.2

　　我们的工资明细分为两个部分:其一是公司方的"应发",另一是支付税金及社会保险等的"扣除"。"应发"是公司应该付给你的薪金,而"扣除"则是其中要付给国家或地方政府的部分。将两者相减,就是你拿到手的金额。

　　"应发"的项目根据公司各有不同,有些公司会把基本工资细分为"基本工资 A"、"基本工资 B"等,也有公司会详细设置各种补贴名目。各个项目的意义在公司的薪资规定中一般都会提及。如果有疑问,我们可以去人事部等负责计算薪水的部门咨询。

　　比较难理解的是"扣除"的部分。

　　在这个例子中,4060 元的工资被扣掉了 118. 8 元,相当于总工资的 3% 。

　　扣除金额会随着工资的提升而提升。另外,随着保险金(率)
的修改、工龄的变化等政治、经济及个人因素的影响,这个金额还
有可能发生变化。每一个扣除项目都有自己的计算方法,并不是
简单地按照工资的百分之多少进行扣除的。我们只要理解了大概
的规则就行,计算就交给公司相关负责人吧。

　　需要指出的是,社会保险是由本人和公司各承担一半的。也
就是说,前面这个例子中除了自己付的这 105.15 元的保险金以外,
公司还要承担相等金额。所以账面上的税前工资虽是 4060 元,但
公司实际支出了 4165.15 元。

　　另外,还有一些公司会在公司内部设置“备用储蓄金”等,这些
金额也可能会从员工每月的工资中扣除,用于公司旅行、培训等。
也有企业有自己的“互助制度”,这种情况下,员工被扣除的工资会
进入另一个体系留作他用。

　　工资明细每月都会发到员工手中。仔细研究一下,其实里面
有很多信息。最近很多企业开始用电子工资单取代传统的纸质工
资单,我建议大家把它下载下来保存好。

出人意料的公司业务

随着 IT 技术的普及,商业形态变得越来越复杂。

在很久以前物物交换的时代,只要双方同意,交易就能成立,商品就是"自己制作或收获的东西"。如果住在海边,就用自己加工后的海产品来交换其他人从陆地上获得的动物产品。

这样想来,现代社会的商业形式确实发生了大幅度的进化。较之以往,现在开始创业要简单得多,商业模式(手法)也日益多样化。

打个比方,面包房不只卖面包,还可能会兼顾官方网站制作和停车场的经营。并且当我们仔细分析后很可能会发现,其利益的20% 来自面包销售,30% 来自网页制作,50% 来自停车费收入。

我们老听到经营者念叨"亏本了,亏本了",然而每月的工资却未减。究其原因,可能是公司靠着诸如房屋出租等其他领域的经营(与本业毫不相关)在勉力维持。

你所在的公司是做什么的? 开展了哪些业务呢?

我们当然要学习与本职工作相关的东西,但了解一些跟自己没有直接关系的业务也是很重要的。

了解公司的全貌就是了解"公司的实力"。就算自己所在的部门并不能创造多少利润,但公司内可能存在赢利能力极强的部门,或者有某个部门正在着重研究开发非常有潜力的新产品。所以只要公司整体在成长,哪怕自己待在边缘部门里,也不至于太过担心。

在一定程度上了解公司经营业务和各部门的状态之后,我们就可以预测出今后哪个部门会有更好的前景。虽然调去这些部门不一定能出人头地,但进入这些地方就能随着部门的成长而成长,也不失为一种战略。

企业里成功部门的管理者往往能够获得提拔,从这件事中我们也可以看出,效益好的部门是多么受重视。

随着对公司整体越来越了解,当你放眼全局时发现没有利好迹象,就可能促使你尽早跳槽。这虽非幸事,不过比起在一艘船即将沉没的时候逃出来,总归比较好。

在学校里学过财务或会计的人可能会觉得,"只要看一下公司决算报告上的数字就能大概了解情况"。这个想法并没有问题,然而只看数字是看不出详细情况的,而且如果不是公司财务人员,我们也没有理由要求看决算书。

所以要想知道公司真正的样子,我们就得通过自己的关系网去调查。哪怕没有真凭实据,只是感觉也可以,一定要放眼观望一下整个公司。

对我来说,较之冷冰冰的数字,我更重视实际工作着的人们的感觉(职员对公司的评价),我认为后者更加准确。

公司里有哪些部门？

一般的公司里设有哪些部门呢？

这个问题我们只要问问其他同事就能得到答案,不过在这里为了普及一下常识,让我们一起来看看公司中的各个部门和它们的职责吧。

- 行政部——这是公司的窗口,负责援助公司内部的经营管理、应对股东、管理公司物品、整顿公司内部环境等事务。

- 人事部——作为职员的咨询窗口(无关工作内容),负责管理出勤、人员任免、离职调职、教育、人事考核、计算工资等事务。

- 会计部、财务部——如果会计部与财务部分开,则会计部负责管理日常资金的流动,财务部则负责对现金流进行重审,强化和改善财务体制。

- 法务部——研究与公司相关的法律条文,检查公司各项经营是否合法,并负责依法办理各种手续或依法申请专利等(如果没有设置法务部,这部分工作由行政部负责)。

- 销售部——根据公司性质,销售部的形式和风格会有很大的不同。基本工作是负责与客户构筑信赖关系,销售公司产品。

- 广告部——应对各种媒体。有时负责接受媒体采访,有时则要邀请媒体来帮公司为新产品等作宣传。主要任务是对本公司产品或信息进行包装,并告知媒体,邀请媒体发表合适的报道。另外,有时候广告部也是面向一般消费者以及除媒体外的其他公司的窗口。

- 宣传部——负责策划和制作宣传物(产品手册及网站等)。制作时一般会委托外部的设计公司,但也有公司设有自己的设计部门。

- 营销部——为促进本公司产品的销售,策划各种活动。

- 市场部——思考应该用怎样的手段销售怎样的产品。以市场调查、竞争对手分析和各种相关数据为依据,制订计划方案。

- 产品开发部——如果你所在的是生产厂商,这个部门就需要制作新产品设计图及样品,并进行实验和检验等技术性的工作。

- 制造部——在工厂中实际生产产品的部门。若是大规模的工厂,下面还会设质量管理科或检验科等部门。

- 采购部——购买原材料等的窗口。总是在研究最有效率的采购方案（保证价格、品质、交货期限），另外也负责审核交易对象。

- 经营战略室——分析经营状况，决定今后经营方针。与经理或董事一起根据各种数据资料分析现状，并为今后的发展制定经营方针（多数情况下是由少数精英组成的部门，所以多命名为"室"而不是"部"）。

- 秘书室——帮助总经理、董事长等进行日程调整或业务管理。

- 客服中心——这是一个支援中心。应对客户的咨询与投诉。有的大型生产厂家会专门设立客户服务的子公司，统一接受客户的问询。

以上就是典型的公司部门划分。拥有上述所有部门的企业估计都是规模 1000 人以上的大公司。中小企业中并没有这么多部门，不过相对的，每个部门都会"身兼数职"。

"1 +1 =3"正是组织的优势所在

公司是以"组织"的形式运转的。

组织是为同一个目的而行动的人的集合。除公司之外也有很多组织,比如学校、运动团队、志愿者活动团队、兴趣小组等。组织的目的和形式千差万别。

但是仅仅是"人的集合"的话还不算是组织,而是"群众"。在音乐会现场集中的人们就算不上是"组织"。同样,一个人包揽全部工作的个体经营者也不能算是"公司组织"。

以"组织"的形式开展行动的最大优势在于"1 +1"不等于2,其结果可能是3甚至4。一人之力是1,但两个人一起合力就变成了3,三个人合作的话可能就是5或者6。

拿体育比赛作为例子分析，我们可能会更容易理解。

11 人参加的足球比赛中，即使每个队员的个人条件（体能、技术等）都弱于对手，这支队伍也有可能赢得比赛。虽然与对方进行一对一的比试并不占优势，但如果有意识地加强队员之间的配合来弥补不足之处，就有希望赢球。当然，这需要比对方跑动得更多，并且事先要制订出缜密的计划。

所以，即使个人实力不强，只要组织协调得好，还是能赢过实力占优势的队伍的。

反过来说，哪怕拥有全世界实力最强的选手，球队也并不一定能得到胜利。再怎样伟大的明星球队，一旦队员过于重视个人表演而忽略了团队合作的战略，就会轻易地输掉比赛。

也就是说，个人实力有欠缺，完全可以靠团队合作来弥补。（当然，如果一支明星球队能意识到团队合作，就如虎添翼所向披靡了。）

组织的优势还有不少。另外一点就是，即使挖不到全才，团队也可以通过人尽其才地运用，使整个组织有非常好的发挥与表现。

既能与客户搞好关系又善于处理行政事务，甚至还能制订高质量企划方案的全才自然是凤毛麟角。大多数人只擅长其中的一两样，对其他的事务则毫无热情。

如果是一个人单干，当然除了一个人包揽全部的工作之外别无他法。但当我们以组织的形式行动时,就可以考虑"只做擅长的事"了,这就是"分工"。销售部的事就让擅长销售的人来做,会计方面的工作就交给擅长数字的人。

再细分下去,同一个营业部中也可能会有善于发展新客户的人、善于向老客户推广产品的人、善于交流却拙于制作预算书等电脑处理工作的人。

因此几乎所有的企业都会对分工的问题花费一番心思,比如在一个小小的销售部中对业务的具体内容进行细分,以求人尽其才。

如果我们能发扬自己的长项协助公司发展,无论对企业还是对个人,都是一件好事。

所以如果你觉得在别的部门中能更好地发挥你的能力,就试着与上司或人事谈谈吧。这样做对双方都有好处。

若是小公司,你可以大胆地直接跟老板提出来。既然个人希望干那份工作,而且调动部门会有助于公司业绩,那么小公司里靠老板的一句话,你就能立刻去心仪的部门。

要注意的是,你的申请一定要以"人尽其才"为出发点,而不能"任性"。

"那个工作做起来似乎比较开心"、"那边可以早点下班"、"那边的上司人比较好"等可不能算是"人尽其才"。我们要考虑的是自己加入那个部门后,能否产生"1 + 1"等于3或4的效果。

为了团队而行动

组织的根本在于团队合作，所以我们行动不是"为自己"，而是"为团队"。

这也是运动员经常挂在嘴边的话。无论自己进了多少球或是打出了多少本垒打，如果球队输了比赛，个人成绩就没有任何意义。反过来，即使自己的表现并不突出，但只要团队赢得了比赛，仍然是件高兴事。（当然，最理想的情况是自己大展身手的同时也使得团队赢得比赛。）

在公司组织里也是一样的。我们优先考虑的不应该是自己是否出挑、是否受到表扬，而应该遵循上司的指示 100% 地发挥自己的能力，才算是真正意义上的"for the team"（团队意识）。有时我们被分配到的工作可能很不起眼，但只要我们想到这对团队有用，就能对任何工作都全力以赴了。不要小看这些不起眼的工作,如果没有它们,团队一样赢不了。

有一个词叫"双赢",指的是双方都能获利的合作关系。

在这个社会上,"一人独胜"最终往往不会有好结果。让公司与员工、公司与客户双方都获得利益才是上策。

无论对什么工作,只要我们信奉"团队的胜利"并全力以赴,就能在这一过程中提升自身的能力。我们工作的时候不要老想着自己的私利,而要为团队的目标奋斗,这样才能达到团队(公司)与自己"双赢"的目的。

组织需要正确的目标

一个组织必定会有一个共同的"目的"（目标）。

公司也一样，有公司整体的大目标、部门目标，也有个人目标。公司中的每个人在向着这些目标前进。

公司的经营者和管理层会时刻扪心自问，自己所设的目标到底正确与否？因为一个组织如果朝着错误的目标努力，就会蒙受巨大的损失。

比方说有一个 10 人小队在沙漠里迷失了方向。大家口干舌燥急着找水喝，却不知该往哪个方向走。是往南往北，抑或是向东向西？

队长充分分析了目前掌握的信息及可能性，决定向南走。于是小队的目标就是"南"。

按照决定,其余9人也会遵从队长的指示向南前进。前进的结果可能是小队顺利找到水源,也有可能是怎么走都找不到。

队伍是成是败,都取决于队长"向南走"那句话。也就是说,队长决定的"目标"正确与否,直接关系到大家的生死存亡。

我们假设有4支队伍面临上述同一种情况,这4支队伍的特征如下:

A. 优秀的领导者与善于合作的队员

B. 优秀的领导者与不善合作的队员

C. 无能的领导者与善于合作的队员

D. 无能的领导者与不善合作的队员

那么哪支队伍的生存率最高呢(找到水源的人数最多)?

答案是 A。

优秀的领导者首先设定正确的目标,随后整支队伍团结一心为了目标行动,这支队伍一定能够幸存吧。

那么最不幸的是哪支队伍呢?

答案是 C。

队伍 C 的情况,因为领导者无能但团队合作很好,大家就会拼命地向着无能领导者设定的错误目标奋进。然而这个目标本身是错误的,所以所有人都找不到水源。

队伍 B 中,虽然优秀的领导者设了正确的目标,但是由于团队合作不佳,可能会有队员做出与指示相反的行动,找不到水源。

队伍 D 则相反,由于目标错误且团队合作也一塌糊涂,所以大家会随心所欲地乱走。结果可能会有人歪打正着找到水源。

这个例子要说明的道理就是"即使团队合作好,目标错误就会导致南辕北辙"。由此可见"设定目标"的重要性。

公司里负责设定目标的是经营者和部门负责人。所以如果领导层昏庸无能,大家就会拼命朝错误的方向行进。

我们刚进公司时只能按照上级设定好的目标行动,不太可能有自己参与设定目标的机会。然而总有一天我们也会成为管理者,需要自己制定目标。到那时,一定要充分意识到自己设定的目标"关乎组织存亡"这个问题,为组织作出正确的判断。

只要目标正确,接下来就看团队的努力了。

组成团队时的 7 个注意点

公司中的工作多种多样,既有寄广告信这种简单的体力劳动,也有策划等需要创意的工作,还有实地调查等需要东奔西跑的事。不说整个公司,就算在同一个部门里,也有很多不同种类的工作。

一个人的工作是否做得好,取决于个人的努力;然而几个人组成的团队若要做好一项工作,就取决于该团队是否能很好地"运转"起来了。

团队运作时需要注意什么呢?对于这个问题,人们有各种说法,其中最为常见的标准是以下 3 点:"经常与上级报告、联络、商量十分重要"、"要喜欢这个团队以提高归属感"、"好的团队需要优秀的领导者"。这 3 个观点是大家都懂得的道理,相信没有人会提出异议。然而这些大家都懂得的道理，真要实行起来却分外困难。

　　一个组织（团队）从无到有进入轨道的这段时间一般来说不会出现大问题。因为在这个阶段，所有人都不想拖后腿。毕竟在初始阶段拖后腿的话会成为众矢之的，因此大家都会全力以赴。

　　而且在这个阶段，团队的目标十分清晰——尽快走上正轨。每个人都能认同这个团队目标。这也是初始阶段团队发展比较顺利的原因之一。

　　然而随着时间的推移，当团队走上了轨道之后，各种问题也往往随之浮现。

　　下面列出的 7 点就是团队刚刚走上正轨时可能出现的具有代表性的问题。

　　• 如果团队和组织过于团结，成员就会轻视外部的信息或情报（过于相信团队而作出缺乏客观性的判断）。

　　• 出现独裁的领导者（优秀且具有很强领导力的人可能会变成独裁者）。

　　• 优秀的人承担过多的工作，使整体的工作分配失衡。

　　• 出现竞争意识（与别的团队、别人的目标），陷入一种急于前行的紧张状态。

　　• 倾向于选择风险更大的选项（一个人时作决定会很慎重，人一多胆子就大了）。

- 与上一项相反,变得保守,倾向于维持现状(各个成员失去个性)。

- 团队内部出现小团体(团队内部出现竞争意识,为了自保而寻找同伴)。

团结紧密的团队尤其容易发生上述问题。

这些到底是无法避免的自然现象,还是可以防患于未然的问题点呢?人们对此也争论不休。然而实际工作中,我们只能通过"试错"来一点点解决这些问题,使团队恢复运作。

为了尽可能减少这些负面现象,有些公司会定期变换团队编制,另一些公司则在开始一个新的项目时临时组建一支团队,等项目结束后立刻解散。这种为特定项目而组建的团队在前期多多少少会有些反应迟钝,然而度过了磨合期,每个人都明白了团队目标及自己的使命后,整个团队就能灵活地运作起来。目标明确是项目团队的优势。

因为项目结束后就会解散,所以这种团队里基本不会发生上述7点问题。只是"团结精神"需要时间的积淀才能建立,所以项目团队在成立伊始时,需要强调一下"意识统一"。

前面我叙述了组成团队时需要注意的问题,那么一支团队的最佳人数是多少呢?

当然,这个问题并没有绝对的正确答案。我认为,一支团队的最佳人数应该是"团队的每个成员都能正确理解别人在做什么"的人数。

一般来说,是 3 ~ 7 个人。

所以,如果这个项目是需要多人参与的大型项目,我们就需要把业务细分出来,成立数个小团队。比如说项目需要 20 人参与,那我们就可以把 20 个人分为 4 个 5 人小团队。

关键在于使团队中的每个人都能及时了解别人在做什么。这样才能尽快发现失败和误解,另外还能明确把握目标的完成度,避免进行重复劳动。

接下来的事就是在几个小团队中分别指定小组长,再为整个团队安排一位统筹全局的总队长。

组织的优势在于"1 + 1"等于 3 或 4。拥有一个正确的目标,并将合适的人放在合适的位置,就能产生相乘效果。因此在组建团队时,我们要事先认识到容易出现的问题,组成一支兼备执行力及效率的高质量团队。

顾客就是上帝

公司的目的和存在的意义是通过商业活动获得利益,并为所在的地区及社会作出贡献。

为了获得利益,公司必须出售商品或者服务。所谓商业活动就是将东西(产品或是服务)卖出去并获得金钱的不断循环往复。

购买你的东西、给你金钱的人就是"客户"。

"顾客就是上帝"这句话我们耳熟能详。在商业活动中,没有客户就没有交易,所以对公司来说,客户是真正的上帝。

为使商业活动顺利进行,我们必须调查客户、了解客户,时刻关注客户的动向,思考怎样才能让客户乐意买我们的产品。上述过程就是我们所谓的"市场营销"。换句话说,就是研究怎样能让客户"一边高兴一边花钱"。

由于 4P 是站在企业立场上的,而不是客户的立场,因此,4P 应该转换为 4C。社会上对市场营销已经进行了很多研究,其中最有名的是 4P 和 4C 营销理论。4P 营销理论是从卖方角度出发的分类,4C 营销理论则是从买方角度出发的分类。

- Product(产品)——Customer Value(对顾客的价值)
- Price(价格)——Customer Cost(顾客的成本)
- Place(地点)——Convenience(便利性)
- Promotion(销售促进)——Communication(沟通交流)

客户也是多种多样的。客户可能是个人,也可能是法人(公司)。你的产品可能是面向小孩的玩具,也可能是以女性为目标的奢侈品,又或是提供给外国人的服务。

我们要时刻意识到公司的客户是哪一群人。不光是销售部的人要知道,就算是行政部和财务部的人,也要时刻铭记心中。因为客户才是公司的命脉。

这样看来,客户仿佛成了不可违抗的神?

不过人心叵测,有些人会装作客户的样子看了却不买(打发时间者),有些人虽然买了却抱怨不断,也有可能有竞争对手为了调查而来买你的商品。

上述这些人并不能被称为"客户"。不断挑剌抱怨的人只会给公司带来负面影响。

在商业活动中，分辨客户的能力尤其重要。我们要了解什么样的客户对公司没有益处，并意识到眼前的客户究竟属于哪一类。

有些公司根据购买历史和购买力将客户进行分级。有的精确地把客户分为 A 级、B 级、C 级；也有的仅凭感觉大致地区分谁是"大客户"，谁是"小客户"。

提高销售额的方法只有 3 个，那就是"让大客户买更多"、"把中小客户变成大客户"和"发展新客户"。对待不同客户的方法也是不同的，不过其中不变的原则是"适应客户"。

总之，顾客就是上帝。

什么是"提供感动"?

没有客户就没有公司。

我们总希望更多的客户接触到自己的产品,更多的客户因拥有我们的产品而快乐。如果能再进一步让客户"感动",那更是求之不得。

企业之所以如此积极地进行市场营销、分析各种数据和理论,从结果来说无非是希望"让客户买得高兴,让客户用得方便"。

所以,商业活动成功的根本就在于能不能"感动客户"。

普通客户变成忠实客户(即成为该公司或商品的粉丝),一般要经历下述 6 个阶段。

- 潜在客户——可能会购买产品或服务的人。

- 预定客户——正在考虑购买产品或服务的、具备购买能力的人。

- 顾客——购买一次产品或服务的人。

- 客户——购买两次以上产品或服务的人。

- 常客——拒绝其他同行业公司,定期前来购买产品或服务的人。

- 粉丝——非常热情的常客,会向其朋友推荐该产品或服务。

如果我们能不断地感动对方(无论是哪个阶段的客户),他们就很可能一下子成为常客或忠实粉丝。

在这里,我想冒昧地问一下你:目前为止,什么事是最让你感动的呢?

如果一下子就让你说出最感动的事有困难,就想一下最近这阵子让你比较感动的几件事吧。

我遇到过有以下几件事:

看到奋力拼搏的运动员最终捧得奖牌的时候;

看到牺牲自己帮助他人的人时;

吃到极美味的蛋糕时;

电脑出问题得到了周到的帮助时(过去我曾因修电脑有过很不愉快的经历);

困扰我多年的腰痛毛病在一次针灸后大幅改善了。

所谓"感动",即是"不平常"的事。

吃普通的蛋糕我们可能没什么感觉,但如果吃到的是从未尝过的美味,就可能会被感动。有时,感动我们的也许不是蛋糕的味道,而是蛋糕的制作过程和背景。

只要被感动,我们就会变成这个蛋糕的"粉丝"。

判断自己的工作是否做得好,就看我们能不能带给别人"感动",能不能增加属于我们的粉丝。

一般的礼节性服务是不会带来感动的。一开始客户也许会被打动,但如果他随后不断遇到同样内容的服务,感动就会逐渐淡薄。就比如第一次体验网购的人在收到货的一瞬间会被感动,但体验多次之后就会习以为常。

感动客户并非易事。然而如果我们时时刻刻将"感动客户"的意识放在心里,就会有成功的机会。当我们思考"怎样才能感动客户"的时候,也更容易有新的灵感。所以,"感动客户"的理念能够制造出一个良性循环。

商业活动中的感动有大小之分。比如说在购买某件商品后收到一封感谢信,就可能让客户感动一下。像这样在细节上用一点心,就能带来意想不到的效果。

要说"大感动"的话,就是顾客对商品质量的认可与感叹了。例如,"这么好的东西竟然只要 100 元?""这么方便的功能,我想都想不到!""这是多年来不懈研究、毫不妥协的严谨态度的结晶!"

要产生这样的大感动需要我们在幕后付出巨大努力和时间积淀,不是轻而易举能实现的。

所以我们必须时刻都展现出自己最好的一面,不能满足于一般水平的发挥,而要想着在各方面为客户带去感动,并为此作出努力。靠一己之力达成"大感动"会比较困难,刚开始的时候我们可以先挑战"小感动"。客户高兴的话,我们也会开心。这样能促进我们更加努力工作。

所以,为顾客提供感动也是为了我们自己。

最好结果与最坏结果

无论在商业活动中还是在日常生活中，人们都会面临诸多选择。有的选择很简单，有的却可能需要我们考虑上几天。

拿日常生活来说，去餐厅看着菜单决定吃什么是一个十分简单的选择；然而在买房的时候要考虑的因素极其繁多，就不能算是一个容易的抉择了。

在纷繁复杂的选择题中，我们不可能每一次都能选出最佳答案。说到这里你可能会想："我们平时怎么可能会选最差的一个选项呢？"其实人这种生物，经常会做出这样的事。

用工厂里发生的实例来说明，大家应该会更容易理解。

工厂信奉的原则自然是"安全第一"，在保证安全方面措施也十分严密。一般情况下，一两个小失误并不会导致发生事故。但是事故却时常在发生，且大多都起因于那些如果注意一下就能避免的人为失误。如果我们时常反问自己："我的这个操作（选择）可能带来的最坏结果是什么？"也许就能避免重大事故的发生。

纵观之前重大事故的原因分析，我们就能发现事故多发于工厂想要"增产"、"提效"、"创新"等时候，有别于日常业务。这也就说明，我们往往为了达成目的而轻视了风险。

比如我们现在要挑战在同样的时间里增产 20% 的任务。工作的最好结果当然是完成任务达成了 20% 的增产，但是最坏的结果是什么呢？

就是引发悲惨的事故。

在这个最好结果（达成增产 20% 的目标）和最坏结果（引发事故）之间，还存在很多其他的可能性，比如增产 5%、增产 10%，或是增产 20% 但花费时间翻倍等。由于我们会下意识地在意"增产 20%"这个目标，会人为地忽略了安全措施。

如果在行动中抱着"无论如何不能引发事故"的想法，事故发生的几率就很低了。就算达不到最好结果，阻止最坏结果的发生应该并不是难事。

经历过一次惨痛教训的人自然会变得慎重起来，不会重蹈覆辙。但是凡事都要经历一次才能长记性的话就是一桩麻烦事了。

所以我们在对待工作时必须严谨,时刻意识到最坏的结果。

与工厂的事故相比,我们的工作可能显得比较轻松。在日常生活中,我们其实也可以采取类似的思考方式。我来介绍一些自己的经历吧。

假设我和几个朋友在新宿小聚,晚上 11 点散场。离我家最近的车站是高田马场站,从新宿乘电车 5 分钟能到,从高田马场站到家则需要步行 20 分钟。一般我会坐山手线电车到高田马场站,然后步行回家。然而我偶尔还是会从新宿打车回家,虽然有些奢侈,但这是为了避免"最坏结果"而作的决定。

如果我走着去新宿站坐电车,就可能遇到一些送免费啤酒招揽客人的店。喝酒的人很容易失去理性,一个冲动我就可能会进去再喝几杯。待到我乘上电车到了高田马场站步行回家,路上还会遇到几家拉面店。人喝完酒正想吃点东西垫垫肚子,拉面的诱惑相比酒精有过之而无不及。就算忍着饿走过前两家店,到离家最近的那家也可能不自觉地走进去。

对于与朋友聚到 11 点回家的我来说,到处乱逛可以说是最坏的结果。这不单浪费时间和金钱,对身体也有害无益,而且喝多了之后弄不好会遭遇事故。

于是为了避免最坏结果的发生,我选择打车回家。

虽然我明白我坐着电车直奔回家是最好的结果,但这一过程中如果有个不小心，就会演变成最坏的结果，所以还是付出 100 多元的出租车费比较保险。

也许不喝酒的人对这个例子没有共鸣，不过在其他方面，如购物、运动或是人际关系上，每种情况都有它的"最坏结果"。工作也是一样。

我们在争取达到最好结果的同时，也要时刻意识到这样做可能产生的最坏结果是什么。只要能避免最坏结果，业绩的平均值就会有所提升。

"需求与供给"和"供给与需求"的区别

经济学中经常会提及"供需"问题。

在多数情况下,价格是由供需的平衡来决定的,经济学中也有专门的供给曲线和需求曲线。但是本书想从另一个角度来说明这个问题。

英文的"Supply and Demand"翻译过来就是"供给与需求"。与一般日文中所说的"需求与供给"顺序不同,英文中的"供给"是排在"需求"之前的。也许有的人就会产生疑惑了,不是有需求才有供给的吗?

我不知道当初在翻译这个概念的时候是否有什么考量,但这两个词的顺序其实大有玄机。

在商业活动中，"供给→需求型"和"需求→供给型"是两种完全不同的思考模式。

人多水少时，卖水就能赚钱。这就是一种"需求→供给型"商业模式。也就是说，先有需要这种产品的消费者，随后才有人提供该产品。大多数商业活动都属于这种模式，特别是在物资不丰裕的时代，基本上所有商业活动都属于"需求→供给型"。

与此相对，也存在"只要供给就会产生需求"的情况。

举例来说，当商场里只有一件白衬衫时，我们只好就买这一件，然而如果衬衫的颜色和款式有更多选择，我们说不定就会买上两三件。在娱乐休闲领域中，也出现了越来越多超乎我们想象的东西。所谓超乎想象，也就是我们以前根本没想过自己会渴望拥有这样的东西。

在今后的新兴商业活动中，如果我们不仅考虑到"需求→供给"，还能意识到"供给→需求"的话，眼前的路也许就能变得更宽。

在策划产品的时候调查消费者需求自然是重中之重，不过我们若能在初始的计划阶段就从供给方的角度出发来思考问题，说不定就能拿出不同于以往的新奇创意。通俗点说，就是"居高临下"地进行商品开发。

相信在今后的各个行业中，"供给→需求型"商业模式的比重都会有所增加，而其成功的关键就在于策划者的经验、直觉以及想象力。

学习围棋中的"直觉"思考

围棋、象棋等游戏中经常会提及"直觉"这个概念。

所谓"直觉",就是人们在下棋时脑海中第一时间浮现出来的走法,较之深思熟虑后的决定,更加偏向于一种感觉。

如果棋局简单,靠直觉来走不会有什么大问题,但若局面复杂,我们就必须检验靠直觉走出的棋路是否有漏洞。即直觉想下在这里,但思考后却发现了更好的一招。

在围棋对弈中,既有"非下此处不可"的简单局面,也有"天知道到底该走哪里"的复杂情况。一局中往往 70% 属于简单局面,25% 是比较让人头疼的局面,还有 5% 属于花再多时间思考也想不够的难题。在这一点上,职业棋手和业余爱好者之间并无区别。每个人都有自己看来简单和困难的部分。

职业棋手与业余爱好者的决定性区别就在于出招的准确性——也就是"直觉"的准确率。职业棋手的直觉基本上是正确的（这里的正确并不是说一定是最佳方案）。职业棋手不会下出让自己满盘皆输的臭棋。然而业余人士由于缺乏经验，直觉的准确率很差，经常会下出糟糕的棋。

让两个实力一样糟糕的外行来对弈几局，肯定互有胜负。不过若是一个职业棋手对阵一个业余人士，那么职业棋手无论下几盘都不会输。他们赢在不懈的学习、刻苦的训练及长年积累下来的经验上。

职场上也是如此。能力优秀、经验丰富的人直觉准确率极高。

不是每个人一开始就能有100%的准确率的。为培养这个直觉，我们需要不懈的努力。努力的基本方法当然是增加自己的经验和知识，这里我想再提一下围棋界中培养这个感觉的方法——怀疑自己的直觉，这是由一位围棋大师提出的。

这个方法简而言之就是要经常问问自己，现在采取的行动到底是不是最好的方式？这样问，就会促使我们去寻找答案（去想、去问、去调查）。不断重复这种自问自答，就能促使我们成长。

没有人会对工作中的每一件琐事都深思熟虑，有些事也没有深思熟虑的必要。一些简单的工作我们一看就知道怎么做，在直觉产生的一瞬间就能付诸行动。然而如果这件事的选项太多，我们对这件事缺乏经验或这件事属于我们不擅长的领域,直觉的准确率便会下降。这时候,我们需要质疑自己的直觉,设想各种可能发生的情况来推进工作。

如果我们在工作中比同事失败更多次,就说明我们的直觉准确率比较低。这时,我们就应该在行动前怀疑一下自己的直觉。通过深入思考尽可能多的情况,就能够减少我们失败的次数。

通过兴趣拓展工作范畴

有些人的工作直接与兴趣及特长相关,有些人则不然。

具体来说,有人因为喜欢汽车所以进入汽车公司工作,有人因为喜欢教书所以做了老师。而另一些人在选择工作时并不考虑自己的喜好,他们入职也许是因为公司有名,或者是靠着父母的关系。现实生活中应是后者居多,兴趣与特长能直接与职业挂钩的人毕竟还是少数。

当然,虽说工作和自己的喜好关系不大,但在选择职业之初,必定还是有自己的考量的。毕业后选择进入化妆品公司的男性,可能在大学时代就与化妆品有些渊源;银行的个别新职员在进银行前,可能就对各种业务有了一定了解;又或者是当公务员的人,对公务员工作内容的某些部分一直有些兴趣等。

虽不能与兴趣爱好直接挂钩,但仍有很多人能在工作中找到一些乐趣。也有不少人时常考虑怎样在工作中进一步发掘出乐趣。其实,就算爱好与工作无关,也能对工作有帮助。这个方法就是"强行"把自己的兴趣、爱好、特长与工作联系起来。

在我们掌握了工作的流程及框架结构后,我们脑中的条理就会渐渐清晰,也终于有了余暇来关注别的东西。这时,我们就不再处于新职员"熟记工作"的阶段,而是踏上了独立思考并付诸实践的第一步。虽然第一步的自由度有限,但我们可以通过提出有效的策划、提案来积累经验。

从什么都没有的初始状态过渡到思考策划的阶段并非易事。这时,我们可以靠"兴趣爱好"来帮忙。

若你的爱好是"旅行",工作则是制鞋厂商的销售策划。虽然这两者看上去毫无联系,但我们是不是可以通过回顾自己过往的旅行经历,思考一下"各国的鞋风尚"、"适合不同旅行的最佳鞋子"呢?这样一想,你是不是就有灵感了呢?比如意大利现在流行这种鞋,印度则是那种,同样在美国,纽约人喜欢这种款式而旧金山则流行着完全不同的另一种款式……以不同国家的不同情况为切入点,在推销自己的产品中兼顾时尚与性能两方面,应该能拿出不少好创意。就算没有去过很多国家,只要你喜欢旅行,为了作策划而查阅旅行的各种相关资料也不会让你觉得累。

若你的爱好是足球,却从事服装业工作,你也可以调查足球界(足球运动员)的流行元素,将这些元素用于新产品的开发。又或是喜爱跑步而从事软件开发工作,是不是能开发一些跑步爱好者喜欢的软件呢?

不用把问题想得太复杂,只要通过兴趣爱好来启发自己的创意就行了。如果我们什么都不做,公司是无法发现我们的实力的,所以自己主动出击十分重要。而这就需要我们借助"兴趣"的力量。

另外,主动思考策划方案本身就是对我们工作的一种促进。所以即使我们的方案没有被采用也没关系。制作一份策划方案需要我们收集一些情报信息,这能使我们增长见识。

与自己的兴趣相关的知识对于此道中人也许只是常识,但是对于不了解这一领域的人来说可能就是全新的东西。所以在我们自己看来平平无奇的策划方案,从第三者的角度看来,也许就是极好的创意。当策划方案被公司接受时,我们的价值也会相应提高。

若能将兴趣与工作联系起来,工作本身也就变成了快乐的事。所以如果你对某一领域有长时间的研究和爱好,不妨一试。

培训才是成长的基石

你所在的公司有着怎样的培训制度呢?

一般来说公司里会有 OJT(On the Job Training,在职培训) 和 Off JT(Off the Job Training,脱产集中培训) 两种培训制度。OJT 指的是上司和前辈们在实际工作中对我们进行的培训,而 Off JT 则是指通过培训、研讨会等脱离实践的形式进行的培训。

社会上有一些很不错的公司,有一套自己完整的培训体系,帮助我们从一个懵懂的新职员成长为一名管理者。相对的,也有一些公司的"培训"仅限于说明一下业务内容,之后就全靠我们自己在实践中摸索自己的工作和个人发展。

人靠学习才能成长,学习得越好成长得越快。反过来说,没有学习就很难有成长。

　　然而很多企业里并没有多余的时间和财力专门建立这样一种培训体系,有些公司的"培训"甚至仅仅是前辈们在空闲时间与新职员进行一下交流。在这种没有很好的培训体系的公司里,我们只能靠自己去努力。如果遇到具体工作上的问题,问问一起工作的前辈就能解决;但要学习商务礼仪、了解政治经济及业内的大事、理解与商业活动相关的数字等,就只能自学了。

　　现在不去学,并不会立刻影响到我们的工作。但是从长远眼光来看,平时学习的人与不学习的人差别极大。所以若你的公司里没有很好的培训体系,那么请尽快找到适合自己的学习方式,并抓紧实践。读一些商务书籍和杂志也是一种有用的方法。

　　拥有渴望进步的意识和学习习惯是至关重要的。

士会人
こなる前に知
第 03 章

工作中有用的法则和理论
っておきたいこと

在本章中，我想介绍几个对工作有所裨益的法则和理论。这些法则和理论对于设定工作目标、执行及验证等都能起到作用。

不过有几点需要大家注意。本章介绍的法则和理论中，有些来自实际经验。这些经验不同于数学与物理中的定理，有它自己的局限性，可能部分适用于别的地方，但绝不是 100% 能适用于任何情况的。

另外，本章中对这些法则和理论只是介绍一个大概，如果读者有兴趣，可以去寻找相关的专业书籍进行深入研究。

帕累托法则 [*]

第一个要介绍的是帕累托法则。

该法则的内容是,"任何特定群体中,重要的因子通常只占少数,而不重要的因子则占多数,因此只要能控制具有重要性的少数因子即能控制全局"。换言之,经济活动、自然现象、社会现象等必定不是平均的,其分布会有偏重。而那偏重的一小部分对整体却有巨大的影响力。

帕累托法则又叫二八定律,相信这个名字更为人们所熟知。

---

[*] 理查德·科克:《改变你人生的 80/20》,仁平和夫译,阪急 Communication 出版社 1998 年版。

帕累托法则是由意大利经济学家维尔弗雷多·帕累托提出的。他利用数理经济学的统计分析方法，明确了社会收入分布不均等的情况。目前，帕累托的理论被广泛地运用在各个领域，我在这里举4个实例。

● 80％的销售额由20％的顾客贡献

假设销售额1000万元，总顾客数100人，就意味着其中20位客户一共贡献了800万元（每人40万元）。反过来说，剩下的80名顾客一共买了200万（即每人2.5万元）的产品。

所以如果我们要提升销售额，与其针对全体顾客进行促销，不如想办法拉住两成的大客户更有效率。

● 80％的销售额产生于20％的商品

简而言之，假设一共有10种商品，那么其中的两种决定了80％的销售额。

所以当我们希望降本增效时，就可以考虑着力宣传销路最好的两种商品，将剩下的8种作为陪衬。如果是进行小规模的商业活动，就可以只在这两种商品上倾注全力做文章。

- 20% 的工作时间决定了 80% 的工作成果

回顾一下在工作上耗费的时间和精力,相信大家就能明白,与我们工作的最终成果直接相关的时间和精力只占总体的 20%。理解这一点,我们就能够明白怎样的劳动其实是在浪费精力,从而帮助我们提高效率。

- 80% 的所得税是由 20% 的纳税人承担的

这是世界上普遍的情况。简单来说就是 20% 的富人掌握着 80% 的国家财富。

不过,帕累托法则并不是在任何情况下都精确到数字上的 "80:20" 的。大家只要理解"重要因子通常只占整体的少数"这个概念即可。

长尾理论

帕累托法则(二八法则)揭示了"80%的销售额由20%的商品决定",因此促销活动应以这20%的商品为主。然而进入互联网时代,情况却有了不同。

网上商店的情况要用到美国人克里斯·安德森提出的"长尾理论"。所谓长尾理论(The Long Tail),主要阐述了"网店中的低人气商品群也是重要的收益来源"这一观点。

大家一定会想,这与帕累托的想法有些出入吧。

在实体店铺中,我们要利用帕累托法则来陈列商品。因为20%的商品贡献了80%的销售额,所以要强化这销路最好的20%的商品。然而在网上商店中,尤其是以下载服务为销售对象的网站,其"店铺空间"可以说是无限的。而其他类型的网上商店(如电子书店）因库存的管理成本非常之低，所以不用像实体店一样定期清理"非人气商品"。

　下图中的长尾巴部分就是销量不大的商品群。在实体店中，这种商品的利益还不及维护成本，所以一般会被清理出去。但在维护成本低廉的虚拟店铺中，这部分商品却也成了极为重要的利益来源。

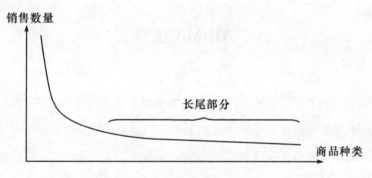

图 3-1　"长尾理论"模型

AIDMA 法则

"AIDMA"是由美国广告人 E. S. 刘易斯在著作中提出的"消费者从接触到信息到最后达成购买的心理过程"的略语。AIDMA 法则揭示了消费者在达成购买之前会经过以下几个阶段。(首字母的缩写即 AIDMA。)

- Attention(引起注意)——比如消费者在街上行走时注意到商店里陈列的漂亮衣服,或是在电视里看到了某商品的广告。即"意识到该商品的存在"这一状态。

- Interest(引起兴趣)——消费者对商品产生一些兴趣与关注,感觉它"看上去不错",希望了解其性能或价格。

- Desire(唤起欲望)——有的情况下,消费者会立即渴望得到商品,也可能通过重复"引起注意及兴趣"的过程来达到"渴求"

的阶段。

- Memory(留下记忆)——将商品作为渴望得到的物品印入脑中。在这个阶段,消费者会开始对同类产品及店铺的价格进行比较。

- Action(购买行动)——消费者最终购入该商品。

在商业活动中,深入理解顾客在购买商品时的上述心理过程,并针对每种阶段来调整应对方式十分重要。

我们在 Attention(引起注意)之后不要立刻期待 Action(购买行动),而是要给客人足够的时间诱导其走过 Interest(引起兴趣)、Desire(唤起欲望)、Memory(留下记忆)这几个阶段。这样就能得到比较理想的结果。这也是十分有效的商业技巧之一。

另外,2005 年日本最大的广告代理公司电通集团提出了互联网销售中的"购买机制"——AISAS。该理论与 AIDMA 有相似之处,其具体内容如下:

- Attention(引起注意);

- Interest(引起兴趣);

- Search(搜索);

- Action(购买);

- Share(分享)。

目前,利用互联网查阅商品信息的人不断增加,网上可能会有目标商品的官方网站,也可能有别人写下的关于该商品的评论与感想。人们可以简单地共享到各种情报信息。为更好地理解消费者的"购买活动",我们不能无视互联网在其中发挥的作用与影响。

今后也许还会出现其他完全不同的购买模式,但无论时代怎么变化,我们要做的就是及时把握住各种情况下的消费者心理。

海因里希法则

海因里希法则(Heinrich's Law)是美国一家伤害保险公司的技术调查部副部长海因里希在 1941 年从统计多起灾害事故开始得出的。

海因里希利用统计学原理对劳动伤害事故进行分析的结果显示:"一次重大事故背后约有 29 次小事故,且小事故背后存在着 300 次左右的异常现象。"所以海因里希法则又被称为"1∶29∶300 法则"。

举个例子来说,1 次重大事故(灾难)背后存在 29 次造成被害人擦伤的小事故,而其背后又存在着 300 次左右让人"吓一跳"的情况。

1 次重大事故是由其背后数百次的异常状况引发的,那么反过来，只要我们避免这种让人"吓一跳"的异常状况发生，就能防患于未然，减少重大事故发生的概率。

正是受到该理论的启示，各大交通部门才会宣传"零事故运动"，从细微之处着手，避免大灾难的发生。

千万不能不把小错当回事。注意避免小错，才能不犯大错。

除了劳动事故之外，海因里希法则也能应用在别的地方。比如接到客户的一次严厉投诉时，我们要意识到在这个投诉之后可能存在着 29 次温和投诉和 300 次左右的不满。所以，顾客的每一次不满，我们都不能轻视，哪怕一次小小的失败也可能需要我们重新审视业务整体。

1 : 5 法则，5 : 25 法则

1 : 5 法则的内容是，"获得一个新客户所需的成本是维持一名老客户所需成本的 5 倍"。而 5 : 25 法则是说，"如果能改善 5% 的客户流失率，就能提高 25% 以上的收益"。

这两个法则的共通之处在于都强调"老客户的重要性"。也就是说，耗费相同成本的情况下，与其开发新客户，不如用来维持既存的客户。

当然，我们有时候无论怎么做也阻挡不了一部分老客户的流失，所以开发新客户的重要性也是不容忽视的。只是对公司而言，开发新客户有一定的难度。相较之下，与老客户维持长期的合作关系更有利于公司发展。

既存客户与公司之间已经有过交易，所以接下来的问题就在于该客户是否满意。我们只要努力把他变成"回头客"或"粉丝"就可以了。因此，许多企业都针对老客户进行促销活动，赠送小礼品、提供免费服务等，可谓用心良苦。

基于 1∶5 法则、5∶25 法则来考虑，同样是 100 万元的促销资金，花在老客户身上的性价比较之新客户要高得多。

以为"煮熟的鸭子飞不了"，在商业活动中是一种极其危险的想法。请一定不要掉以轻心，时刻努力维持住老客户，才能提高他们对公司的信赖感。

梅拉宾法则

相信大家都听过这样的理论——在沟通过程中，"外在的表现方式非常重要"。有些时候，说话技巧及表现形式甚至比谈话的内容更加重要。这种理论的根据看似是梅拉宾法则（The Rule of Mehrabian），其实不然。

美国心理学家梅拉宾在 1971 年提出，沟通交流的过程中包括了 3 个要素，即语言信息、听觉信息和视觉信息（3V = Verbal + Vocal + Visual），其影响力分别是 7%、38%、55%。

这样说，各位读者也许有点难以理解，所以我在这里介绍一下梅拉宾的实验。这个实验的目的是测试人们如何处理和接受情感与态度相互矛盾的信息。

首先,让人选出代表"好意"、"中立"、"憎恶"等态度的词汇,然后用完全相反的感情色彩念出这些内容,并配合面部表情。

具体来说,就是让人用憎恶的表情及声音来说"谢谢"等词汇,再观察被测试者的心理变化。如果在上述情况中,被测试者感受到的是"好意",则说明"语言"本身较"表情"、"声音"更有力。反之,如果感受到的是"憎恶",则体现出"表情"与"声音"比"语言"更有影响力。

分别控制"语言"、"声音"、"表情"并进行多次实验后,梅拉宾得到了这样一组数值。

- 语言在信息传达中的作用占 7%;
- 声音、音调及语气占 38%;
- 表情等肢体语言占 55%。

这个实验的关键在于"用矛盾的方式来传递信息",也就是故意用负面的表情和语气来表达"谢谢"等正面词汇。然而日常的沟通中,我们并不会这么做,我们说"谢谢"的时候会用温柔的口气并带着笑容。所以这个实验说到底只是强行控制变量条件来调查"语言信息"、"听觉信息"、"视觉信息"的影响力而已。

误解梅拉宾法则的人会武断地认为,交流沟通时最重要的是表情等肢体语言(55%),其次是声音语气(38%),最后才是语言内容(7%)。但仔细思考一下我们就能发现,无论表情与声音多么完美,"语言"若跟不上的话,根本就没法沟通。

在商业活动中也是如此。如果商品本身粗劣不堪,那么宣传得再好也没用。我们首先要保证商品及服务的品质,在此基础之上再从包装、宣传等方面下工夫,才能满足消费者的需求。

对梅拉宾法则的曲解使得世人认识到"外在及包装"的重要性,这也无可厚非。只是我们要注意,无论何时都不能轻视"内容"本身的作用。

SWOT 分析

SWOT 分析是验证企业及个人目标时非常有效的手段。SWOT 是由下面几个单词的首字母缩写合并而成。

- Strengths(强项)——公司内部环境中对目标达成起到积极作用的因素。
- Weaknesses(弱项)——公司内部环境中对目标达成的消极因素。
- Opportunities(机会)——公司外部环境中对目标达成的积极因素。
- Threats(威胁)——公司外部环境中对目标达成的消极因素。

其中 Strengths 和 Weaknesses 属于内部因素,而 Opportunities 和

Threats 是外部因素。所谓内部因素,是指商品开发能力、成本、销售能力、业务拓展能力、技术能力、品牌能力、人才、财务等关于公司内部的要素。而外部因素包括政治和经济形势、技术革新、法律等本公司无法控制的要素。

对一个具体目标的 SWOT 分析始于逐条列出相关的 S、W、O、T,然后根据列出的内容来研究分析怎样活用强项、克服弱项,怎样最大限度地利用机会,怎样尽可能消除威胁。

比如对 Strengths 和 Weaknesses 部分,我们可以细化为“品质”、“先进性”、“认知度”、“容量”、“物流成本”、“生产时间”、“环保”、“广告宣传”、“市场份额”等内容。

而对 Opportunities 和 Threats 部分则能细化为“相关法规”、“市场潮流”、“技术革新(最新)”、“消费者的期望”、“竞争对手的动向”等。

下面我来介绍一个 SWOT 分析的实例吧。

假设我们要开始一个“训练宠物犬”的项目,加以分析后可以得出以下结果。

首先我们来看一下风险部分的 Weaknesses 和 Threats 吧。

擅长宣传、会计及管理业务的人有很多,只要请外部人员(兼职或打工)就行。我们只需要考虑成本问题。

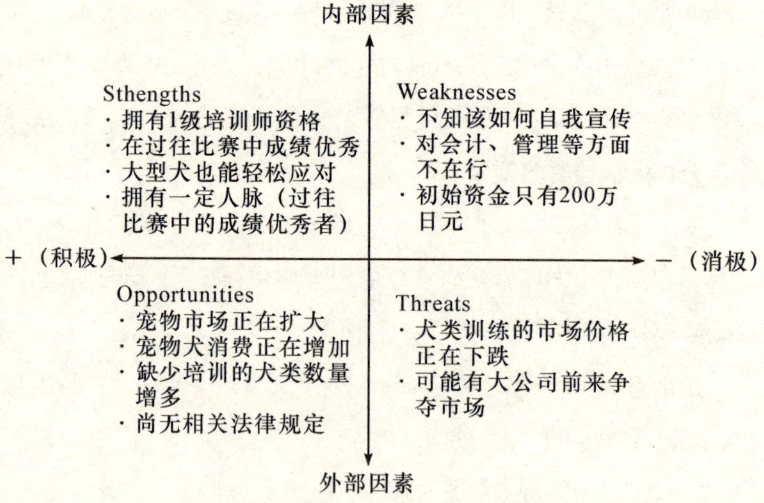

内部因素

Sthengths
· 拥有1级培训师资格
· 在过往比赛中成绩优秀
· 大型犬也能轻松应对
· 拥有一定人脉（过往
　比赛中的成绩优秀者）

Weaknesses
· 不知该如何自我宣传
· 对会计、管理等方面
　不在行
· 初始资金只有200万
　日元

＋（积极）←——————————————————→ －（消极）

Opportunities
· 宠物市场正在扩大
· 宠物犬消费正在增加
· 缺少培训的犬类数量
　增多
· 尚无相关法律规定

Threats
· 犬类训练的市场价格
　正在下跌
· 可能有大公司前来争
　夺市场

外部因素

图 3-2　SWOT 分析示意图

　　Threats 中的"大公司进入市场的可能性"是十分难说的一点，因为并不是只要大公司一进入市场，所有小公司就会倒闭，但这确实是一个不折不扣的负面因素。所以作为一家小企业，我们需要去思考一套与大公司不同的运营、服务体系。

　　在这个例子中，我们要预演各种大企业进入市场的情况。只要在场地、报价及服务内容方面能做出自己的特色，就还有胜算。

　　等到我们逐条分析过 Weaknesses 和 Threats 的内容，接下来就要研究怎样使 Strengths 更加有力。这个案例中我们要思考的就是，如何让"训练技术水平、人脉"得到进一步强化。

对于 Opportunities 部分我们也用同样的方式进行分析。

通过上述对每一项的分析,"训练宠物犬"这一商业活动的可行性(风险及成功要素)就能清晰地展现出来,这就是 SWOT 分析法。

我们运用 SWOT 分析法时需要注意的是,这种方法只是"验证目标是否可行的手段",而不是"设立目标的方法"。SWOT 并不适用于分析现状后再设立出相应的目标,因为 Strengths 和 Weaknesses 并不具备普遍性。只有有了具体目标,我们才能列出相应的强项和弱项的内容。

打个比方,假设有一家面包生产商以生产甜瓜面包为特色。当用 SWOT 分析法来分析这家公司时,会产生两种结果:以甜瓜面包为特色,意味着其产品种类贫乏,这是"弱项";然而恰恰又是因为这个特色,使其在甜瓜面包市场中维持着高品质的好形象,这又是"强项"。所以"以甜瓜面包为特色"这个事实,根据思考角度的不同既可以是强项,也可以是弱项。

不过当我们把目标设为"向韩国出口甜瓜面包"的话,SWOT 分析法就有效了。在这种情况下,我们只要关注韩国的甜瓜面包市场,再运用 SWOT 分析法来解析就可以了。我们在分析内部因素时并不需要列举公司内容所有情况,只要思考"进入韩国市场"这个前提,也就是"向韩国出口甜瓜面包"时,公司的强项和弱项分别是什么就行。

分析外部因素时,除了相关法规及政治经济情况,还要调查韩国人(顾客)及韩国同行业企业的状况。对后者的把握有多准确是验证目标可行性的关键。

由上面这个例子可见,SWOT 分析法对于具体目标的验证是十分有效的。分析结果可能显示 Weaknesses 和 Threats 十分不可控,使得风险过大,那么我们就要考虑放弃进入韩国市场的计划。

通过分析的结果来预测失败或成功的可能性,根据不同的情况,我们可能还会发现更加有实现性的目标(或一些具体事项),这就是 SWOT 分析法带给我们的效果。

古德曼法则

20 世纪 70 年代后期,美国人约翰·古德曼就消费者投诉的处理及购买行动进行了一次正规调查。根据调查结果,古德曼提出了"投诉处理及购买行动法则",使他成为该领域研究的第一人,所以这一法则又叫做古德曼法则。

请大家先简单看看下图 3-3。

这是描述不同情况下怀有不满情绪的顾客是否会再次购买该公司产品的示意图(根据国家不同,数值会有变化,图 3-3 所示的数值可理解为整体状况)。

感到不满并将它表现出来的顾客只占全体的 4%。也就是说,绝大多数人即使感到不满也会保持沉默。

在表现出不满的 4% 的顾客中,若问题得到迅速解决,会有

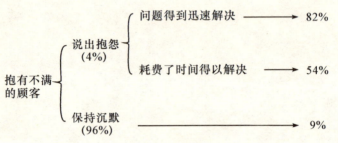

图 3-3　不满情绪顾客回购率示意图

82%的人不计前嫌选择再次购买。即使解决问题耗费了一定时间，仍有半数以上的54%愿意再次购买。

相反，保持沉默的顾客中只有9%会选择再次光顾。大部分人是连一句抱怨都没有就默默离开的。

跟踪这些心怀不满默默离开的顾客非常困难，但是面对那些提出投诉的顾客，就需要我们用诚心诚意的态度去挽回声誉了。

这张图中没有标出另一种最坏情况，即"顾客提出抱怨但公司一方态度恶劣，导致印象进一步恶化"。当然，这种情况下顾客再次购买的可能性为0，而且对该公司的恶评可能会迅速扩散开去。

我就有过相关的亲身经历。大约在十几年前，我曾投诉过某电脑制造商。

电脑出故障后，我打电话到指定的维修中心。但电话总是不通，一整天都是占线状态。等到终于打通后，却是机器应答。我按照语音提示进行操作，最后竟然让我输入产品序列号和购买日期。序列号我知道，但购买日期却不是一下就能查到的，只得放弃。

这完全是浪费时间。因为没有力气重复操作一遍，我拨通了该公司总部的电话。我当时并不是想投诉，只是想向他们反映一下这个维修体制的问题，说出"客户的心声"提醒他们改进。

谁知，当我向总公司的接线员说明了事情原委后，对方却丢给我一个号码让我去联系。仔细一看，这正是我奋战了一天的维修中心热线。

向总公司提出这一问题后，我得到了另一个电话。这次，我终于和维修部负责人取得了联系（电脑的故障也得以顺利排除）。

在电话的最后，我向该负责人指出了该公司维修体制的问题，但他的回答却让我一时怔住了。

"维修体制不属于我的管辖范围，没办法给您答复。"他的态度十分冷淡。这也许是该公司规定的应答方式，不关负责人本人的事，但却给我留下了极其恶劣的印象。

我本人自然再也不会购买该公司的任何产品了，并且，我还向朋友和熟人诉说了这段经历。而我的亲戚朋友也可能会再向他们的朋友诉说，而且这种事情在口口相传中难免不会被添油加醋一番。

一件事如果我向 30 个人说过,而哪怕他们每人只向 5 个人转述,那不利于该公司的信息就会在 150 人中间流传。若有 10 个人和我有类似的经历,那么一下子就会有 1500 人受到影响。差评的扩散速度极其迅速,十分骇人。所以如果我们对顾客的投诉作出不恰当的处置,后果将不堪设想。

我们来整理一下从古德曼法则中学到的要点吧。

- 心怀不满的顾客中,只有 4% 会投诉,所以一个人的抱怨反映出的是一群人的心声。我们要重视每一句抱怨,并重新审视自己提供的商品或服务。

- 若能迅速地为这 4% 的顾客解决问题,其中的 82% 都将成为回头客,因此投诉也是一种商机。对于顾客的不满,我们不用太过沮丧。

- 如果对顾客的投诉应对不当,将会引发最糟糕的结果。顾客对公司的印象会继续恶化,还可能导致对公司不利的言论广为流传,使公司的口碑变差。所以我们一定不能忽视对顾客投诉的恰当处理。

PDCA 循环

PDCA 循环由休哈特于 1930 年构想,在 20 世纪 50 年代被美国质量管理学家戴明博士再度挖掘出来,它旨在构筑一个能顺利推进质量管理的方法体系。

P、D、C、A 4 个英文字母分别代表这个管理体系的 4 个阶段。戴明博士认为,对一个项目循环进行这 4 个阶段的管理,能引导其品质的提升。

- Plan——设立目标,计划具体的实行方法。
- Do——实行计划。
- Check——评价、检验成果(也可在实行过程中随时检验)。
- Action——对于没能按计划实现的部分予以调整和反思。

完成这 4 个步骤一个循环之后,我们可向下一个阶段的 PDCA
迈进,进入下一个循环。重点在于通过不断循环 PDCA 的步骤,引
导商品质量及业务效率的提升。

PDCA 循环理论被广泛运用在各种劳动安全领域以及国际质
量管理标准的 ISO9000 体系、ISO27000 体系,环境管理体系标准
ISO14000 体系等。

PDCA 循环适用于各种情况。假设对象是整个组织,内容可能
是如下所列举的。

- 经营者决定公司的方针与目标(Plan)。
- 以此为基础展开业务(Do)。
- 对整个过程进行监管和检查,发现问题及可以改进的地方
(Check)。
- 若有能够改善的地方,则予以改善(Action)。

如果对象是个人,那么可参考以下内容。

- 在早晨决定当天的工作事项(Plan)。
- 予以实行(Do)。
- 在实行过程中或在完成后,对出现的问题进行反思,研究改
进方案(Check)。

- 思考改进方案,并在第二天的 Plan 中有所体现(Action)。

PDCA 循环的适用范围很广,重点在于反复运用,使项目质量、工作效率渐渐得到改善。

奥斯本检核表法

奥斯本检核表法无关理论和技术，它是一种帮助我们拓展思维的方法。

相信大家都听过"brain storming"（头脑风暴）这个词吧。这是一种多人对于某个特定议题进行自由意见交换的会议形式。该模式重视提案的"量"，通过收集大量的意见来分类研究并引出结论。

提出 brain storming 模式的人正是奥斯本，而他的另一套成果就是这里要介绍给大家的奥斯本检核表法。

奥斯本检核表法与头脑风暴法有相似之处，不过在运用这个方法前，需要事先思考一些内容：

- Others uses（其他用途）——有没有其他用途？
- Adapt（适合）——有没有别的相似的东西？过去有没有类似的东西？

- Modify(变更)——有没有颜色、声音、气味、意思、动作、形状等新的角度？

- Magnify(扩大)——大小、时间、频度、高度、长度、强度可否扩大？

- Minify(缩小)——可否缩小？可否随身携带？可否变短？可否省略？可否变轻？

- Substitute(代用)——可否用其他材料、其他过程、不同场所、不同手段、其他人、不同成分等其他元素代替？

- Rearrange(再编排)——要素、成分、部件、风格、排列、设计、位置、基础、日程表等可否变化？原因与结果可否互换？

- Reverse(逆转)——是否可逆？能否变成完全相反的？能否移至后方？能否朝向反面？能否旋转？能否颠倒使命？能否将负面因素转为正面因素？

- Combine(结合)——可否结合目的与想法？可否从"一"变"多"？能否组合？

有时候，好创意不是说想就能想出来的。灵感可能会突然到来，但在时间地点都有限制的情况下，要找到灵感确实很难。这种时候我们就要用到奥斯本检核表法。这套方法能够启发我们的思维。

另外，如果习惯了这套思维方式，我们就能养成从各种角度思考问题的习惯。要想出新鲜的创意想必不是难事。

兰切斯特方程

兰切斯特方程是由英国人 F. W. 兰切斯特提出的关于军事作战的方程之一。在现代社会中,很多中小企业在制定企业战略时会参考这一理论。

兰切斯特方程可以从不同角度来理解成两个法则。在此我将为读者作一个简单的介绍。

- 第一法则

攻击力 = 兵力(数) × 武器性能(质)

(假设武器为肉搏战用的武器)

● 第二法则

攻击力 = 兵力(数)的平方 ×武器性能(质)

(假设武器为可一对多的远距离攻击武器)

这两个法则的共通点在于,武器性能相同的情况下,兵力多的一方实力强。

第一法则中的武器偏向冷兵器时代的刀与枪,第二法则中的武器则是近现代战争中使用的可实现多人攻击的枪与炮。因此第一法则又被称为"单兵战斗法则",第二法则又被称为"集中兵力法则"。

假设 A 军 100 人对抗 B 军 60 人。按照第一法则来看,B 军全灭后,A 军会有 40 人幸存。然而按第二法则,B 军全灭后,A 军却能有 80 人幸存。

即在这种情况中,A 军指挥官要尽可能选择第二法则的作战方式,而 B 军的指挥官则要尽量选择第一法则(虽然一样会输,但能尽可能地给予对方更大的伤害)。

在商界,人们称第一法则为"弱者法则",第二法则为"强者法则"。中小企业会根据第一法则制定战略,而大企业则会更注重第二法则。

　　打个比方,中小企业会注重企业附近区域中的顾客,并努力应
对每一位顾客的个性需求,以此作为商业活动的模式。而大企业
则会投入大量资金,在全国范围内进行宣传,进行大规模的商业
活动。

　　小企业根本无法与大企业全面对抗,也效仿不了大企业的运
营方式。所以避免与大企业的正面交锋,将有限的力量集中在一
点上才是明智之举。

　　拿小规模的面包生产商为例,要想和规模庞大的大企业在全
国范围内决一胜负根本不可能。小公司应该采取的战略可以是专
门生产使用特殊原材料的具有防过敏功效的面包,且只在自己的
地盘上(生产工厂附近等)销售,或是只限在网上销售的加入甜瓜
果汁的特殊面包。

　　小公司要想像大公司一样运营,会耗费巨额的成本。把有限
的力量集中在一点,既可节省成本又能获得收益。

　　我们经常听人说,个人创业时要瞄准"缝隙产业"和"市场缝
隙","不是做 No.1,而是要做 Only 1"。这些理论也是符合兰切斯
特方程的第一法则的。

蓝海战略

蓝海战略(Blue Ocean Strategy)是由欧洲工商管理学院(IN-SEAD)教授 W. 钱·金和勒妮·莫博涅在 2005 年出版的两人合著的《蓝海战略》一书中提出。

在书中,两人将既存的竞争激烈的市场定义为"红海",将不存在竞争的未开拓的市场定义为"蓝海"。

红海市场里不是你死就是我活,时刻上演着激烈的竞争,要想幸存下来就必须在价格竞争和质量竞争中赢过对手。因此在红海市场中获胜,需要很大的成本。一般来说,成本与价值之间会顾此失彼,只要稍有松懈就会被排挤出市场。

既然如此,倒不如去开拓充满未知的蓝海市场。蓝海就是到目前为止尚无人涉足的崭新市场,存在着众多的可能性。

开拓新市场时需要我们"摒除既存的固定观念，重新为新市场划定边界"。这种理念是十分重要的。具体的步骤分为以下4步：

创造——哪些产业从未有过的元素需要创造？

剔除——哪些被产业认定为理所当然的元素需要剔除？

增加——哪些既存内容应该大胆地进行扩充？

减少——哪些既存内容应该大胆地进行削减？

通过重复上述研究，跳出现有的市场，开拓具有较高附加价值的新市场就是我们的目的。如果能确立新市场，那么在一段时间内就不会存在竞争对手，这为我们拓展业务创造了极好的条件。

利用蓝海战略成功开拓出新市场的例子屡见不鲜。其中一例就是日本任天堂公司2006年推出的游戏机"Wii"。在 Wii 进入市场之前，任天堂公司与索尼、微软等企业在高性能游戏机领域互相厮杀，正处于可谓的"红海状态"。

然而任天堂另辟蹊径采用较为低端的规格推出"Wii 遥控"等新产品，再配合"活动身体"的创意，成功地将一些以前与游戏机无缘的消费者拉入客户群，开拓了一个崭新的市场。

顺便提一句，"开拓新市场"的重要性其实很久以前就为人们所重视，在企业中也一直被视为重要课题。只是《蓝海战略》一书成功地将这一理论体系化，简单易懂，且从各个角度对该理论进行了阐释，所以引起了很大的关注。

充分利用数据的方法

"各种统计数据"与理论和法则具有相同的重要性。

相信大家也写过策划书、计划书,做过演讲资料,应该知道缺乏具体数字实证、只有自己想法的东西是非常缺乏说服力的。为了让读者、听众接受自己的想法,我们必须提供能够证明自己观点的资料。这时能派上用场的就是各种各样的统计资料和数据。

市面上有很多免费、收费的情报信息,我推荐大家使用政府官方发布的免费数据。互联网上就有很多官方机构的浏览页面,在这些网页上面就能用关键词检索到各种各样的统计数据。

同时,各种《白皮书》也是重要的参考资料。这是各级政府基于问卷调查等统计得出的现状分析报告,是实体刊物。比如日本厚生劳动省会出《厚生劳动白皮书》、《劳动经济白皮书》,中小企业厅会出《中小企业白皮书》。[①] 各行各业的白皮书都会采用数据和解析图来详细分析该业界的动向。

　　政府发行的东西多少给人留下官方死板的印象,但作为参考资料是极具利用价值的。现在很多白皮书都能在互联网上免费阅览。

　　我们找寻参考资料时有几点注意事项:
　　不能过度相信个人及个别企业流出的信息(尤其是互联网信息)。
　　打个比方,由个人发表在博客上的信息就不能作为资料采用,因为人们可以轻而易举地在互联网上发布信息却可以不为之负责。所以在很多情况下,为了迎合自身需求甚至会歪曲事实。

　　如果你准备说明演讲时找的是不靠谱的参考资料(个人撰写的博客及个人网站等),就会导致你的说明可信度低下。为了使人信服,我们使用的数据必须有可靠的出处。

　　在工作中,我们肯定会需要各种各样的统计资料。事先知晓几个可靠的数据源并习惯其查阅方法,对我们提高业务效率很有帮助。

------

　　①　此类白皮书在中国也有一些相应的官方机构或非官方经济研究机构会出版,读者可对应查找相关资料。——编者注

社会人

こなる前に知

第 04 章

职场人常遇到的麻烦及处理方法

っておきたいこと

工作压力

工作常常伴随着压力展开。

如果我们只是觉得轻微的"焦躁",那么靠转换心情就能得到缓解。然而过大的压力长时间积蓄,就会损害我们的身体。压力可能会成为万病之源。

我们的生活不可能完全没有压力。但只要我们认识到自己承受着怎样的压力,理解该怎样排解它们,就能避免被压力困扰。

社会心理学将压力产生的原因分为三种——"环境剧变"、"人生大事"和"日常琐事"。

"环境剧变"是指灾害或战争等个人意志所控制不了的事件引发的压力。如因火灾或地震使房屋受损或人身安全受到伤害时,我们会感到巨大的压力。

"人生大事"指的是伴随生育、升学、结婚、亲人的亡故等人生
中重大事件而产生的压力。毋庸置疑,失业、离婚等事件会使人备
感压力。然而结婚、圣诞节等看上去应该让人高兴的事件也会给
人压力。

"日常琐事"就如字面所说,可能是由于邻居家产生的噪音,也
可能是由人际交往上的小小不顺引起的压力。事情虽小,但积少
成多也会引发失眠等一系列不良症状。工作中产生的压力一般属
于这个范畴。

人类有自发消解压力的本能。工作累了,我们多少会想到转
换下心情。轻轻伸伸懒腰、喝喝茶等,也算是缓解压力的手段之
一。更加"正规"的解压方式有运动、唱卡拉 OK、吃美食、喝酒等。
运动后出汗会给人爽快的感觉,也具有相当好的减压效果。

不过,大家可能会忽视,其实"闲聊"也是一种有效的减压方
法。一边喝酒一边发发公司的牢骚,也许减压效果不像运动那么
显著,但也非常有用。

工作上的压力当然是向同事诉说最为理想,不过对家人和朋
友说说,也能使自己轻松一些。反过来,如果家人或朋友有了烦
恼,只要你愿意倾听(只要点头附和一下就够了),就能帮助他们缓
解压力。

最危险的情况是把压力积蓄在心里。

将压力大小用数字表示的话,如果你感受到的压力为 10,那么就要努力将这 10 的压力排解掉。若没能顺利排解,压力不断积蓄,变成 20、100、1000……最后超过我们本身的承受能力,就很可能会发展成各种精神疾病。到这种时候,只靠运动、聊天等手段已经没有用了,要去专门的医院进行药物治疗或是请求临床心理医生的帮助。

一旦有了精神类疾病,就不能正常工作了。甚至别说工作,可能日常生活都会出现问题。所以趁事态还不是最坏的时候,请大家认清自身的压力大小,并掌握适合自己的解压方法。

健康管理的重要性

20 岁左右的人工作忙时硬撑一下，事后只要睡睡觉，多多少少就能恢复体力。但过了 30 岁之后，我们的头脑虽和年轻时相差无几，体能却可能有些跟不上了。

对于这种现象，不同人的处理方式各有不同。有的人会因为不甘落在年轻人之后而加倍拼命，有的人则会意识到身体机能的退化，转而重视保养。

到了 40 岁，这种差别会更加明显。即使休息了也很难根除疲劳，且过度疲劳会导致免疫力下降等一系列健康问题。

多数运动选手在年轻时会进行大量艰苦的训练，体力也会提升。然而随着年纪的增长，他们就会渐渐将重点转移至体力恢复上。不再每天训练，变为练两天休息一天，或是降低训练强度，更注重训练质量。如果不考虑自己的身体状况，一直强迫自己进行高强度的训练，只会导致运动员更早的退役。能够长时间活跃在赛场上的运动选手通常都是管理自己身体状况的高手。

职场人也是这样。

健康对我们的影响可能不像运动选手那样明显，但身体不好的话，我们自然做不好工作。因此，我们需要注意健康，需要合理地分配睡眠、工作、休息、进食的时间，保持一个整体的平衡。按照自己的节奏生活才能拿出最好的成果，过度的努力从长远来看并不会持久。

假设我们 20 岁进公司，60 岁退休，就有 40 年整的工作时间。靠"精神力"坚持 40 年几乎是不可能的。为自己设置一个合理的生活节奏，定期对身体进行"检查维护"，才能使我们度过精彩的40 年。

酒

　　喜欢饮酒的人大多数都有过因酒误事的经历吧？

　　多数情况下，这些错误都会得到别人的理解，但我们一定要注意，喝酒也可能会造成不可挽回的严重后果。

　　饮酒造成的最常见的严重后果就是被卷入暴力事件。我这里说"被卷入"，也许让读者感觉醉酒的人是受害者。但平时品行端正的人在饮酒后也可能会失去判断能力，变成加害方。醉酒时与人争执，甚至可能会失手致人死亡，让人从一个善良的小职员在一瞬间就成了罪犯。

　　即使不与人发生争执，一个人喝醉了走路也很危险，可能会步履蹒跚导致掉下站台，在车多的马路上还可能发生事故。有很多暗藏危险的地方,会因为醉酒而没有注意到。

另外,饮酒误事的人往往会反复犯同样的错误。所以当我们因为饮酒而造成不好的后果之后,我们要警醒自己,酒后会犯错,并事先思考一些预防或处置的办法。

就算是偶尔发生一次小失误,我们也不能掉以轻心。在本书第3章中提到的海因里希法则就告诉我们,一个大的灾难背后潜藏着很多小失误。所以在没有酿成惨祸之前,我们就要杜绝犯小错,防患于未然。

如何处理好自己与酒桌的关系是职场人士应该具备的基本能力。请大家尽快找到自己的一套方法,把酒席变成一个轻松愉快的地方吧!

不道德经营

俗话说乐极生悲,我们在生活和工作上如果太过顺心,就很容易在意想不到的地方出问题。我记得曾在哪所大学的宣传栏里看到过这样一句话,"轻信者易受骗"。这点确实需要我们上心。

下面我介绍的几种"危机",其实只要事先了解它们的把戏,就没什么威胁,但若不知道其中玄机还是很容易上当的。

首先要说一说不道德的经营方式。

与学生不同,职场人士都有自己的收入。当然,其中有的人收入并不多,一下就花完了,但其本质都是将自己赚的钱按自己的意愿消费出去。

走上社会后,我们还能使用信用卡,拥有学生所没有的"信用额度"。根据各人情况不同,这个信用额度有高有低,但都可以用来申请相应额度的贷款。而不道德的经营者正是瞄准这一点来的。无关贫富,只要你露出破绽,就会被人死死盯住。有的人一开始就以"信用卡支付"或"贷款合同"为目的来靠近你,也有人的目的是套出你身边的有钱朋友。

有一种名为"传销"的经营模式,受害者不计其数。

人们容易混淆"传销"与"直销"这两个概念。直销是合法的,合法的直销模式不是犯罪行为。但很多情况下,传销企图在法律上打擦边球,有时甚至完全以欺骗为目的。这里我想说明的就是一种道德沦丧的传销模式——老鼠会。

一言以蔽之,老鼠会做的是"拉人入伙"的勾当。只要介绍新人进会(增加会员),介绍人就能得到相应的报酬(手续费)。其组织结构呈金字塔形,越往上走,钱越多。

下面简单说明一下老鼠会的基本运作方式。

成立老鼠会的 A 首先邀请 B 和 C 加入,A 的说辞是这样的:"请给我 1000 元,然后我给予你们介绍别人入会的权利。每成功介绍一个人,我就给你们 900 元,剩下的 100 元则作为手续费交给我。"

也就是说,B 和 C 只要向 A 付 1000 元,就有权利发展其他会

员。每成功发展一个人，他们就能赚到900元。只要新发展两个会

员，自己就能扭亏为盈。并且，当自己介绍来的会员再发展新的会

员，自己还能得到一笔可观的手续费。

在这个例子中，B和C只要发展2个新人就能赚钱，所以大家

也许会觉得只发展两个人应该不是难事。

然而人的数量是有限的。A发展了B和C，B和C再分别发展

两个人，这个阶段看上去还比较简单，但这个数量是呈幂指数增加

的。假设B和C是第二代，B和C发展的新人是第三代的话，到了

第27代时，会员的总数就已经超过日本的总人口（近一亿三千万

人口①）了。所以看似简单的"发展会员"，其实立刻就会碰到"目

标对象"不足的问题。

这就是所谓的老鼠会，这是受法律禁止的商业行为。

不过，像上述这么明显的"老鼠会"其实很少见。现在，不法分

子会利用更巧妙的招数掩盖其本质，把它装扮成合法的直销，来接

近潜在受害者。

我们以日光浴机为案例来探讨一下这种欺诈模式。

假设A与美国某家用日光浴机生产商签订代理合同，在日本

开辟了一条进口日光浴机的渠道。该机器的进价是每台30万元。

---

① 据2010年的统计数据，日本人口总数为1.2805亿人。——编者注

接下来 A 会在日本募集销售该产品的人。

成立一个普通的公司雇佣职员来进行销售是完全没有任何问题的，但是如果这是一个传销体系，A 就会要求销售者本人先以 50 万元的价格购买一台，然后才允许其进行销售。之后每卖出一台日光浴机（50 万元），销售者就会得到 30 万元的报酬，而 20 万元的差额则要作为手续费交回给 A。按照这个规矩，销售者只要卖出两台机器就能赢利。如果自己发展的顾客成功吸引他人购买，还能得到相应的手续费。

大家想必注意到了，这种做法其实和之前的老鼠会如出一辙。不同的是多了日光浴机这个产品，但其本质思想没有丝毫差别。

这里的日光浴机可以替换为家用桑拿机或是其他各种健身产品、化妆品等。说到这儿，大家对老鼠会的形态应该已经有一个比较清晰的了解了。

不过，社会上确实有完全合法的直销模式。在这种情况下，商品往往品质优良且种类丰富，价格也跟市场价一样。但它不依靠实体店铺销售，从事销售的也不是专职人员。它往往通过良好的口碑在会员之间扩散。其优点是节省店铺维持费用和宣传费用等。

那么，我们该如何辨别合法直销和非法传销呢？

简单来说,只要我们意识到"没有天上掉下的馅饼"就行了。这并不是很复杂的问题。只要听到诱人的话语时不要轻信就行,即使是再好的朋友说的也一样。

假设你的好友被拖入了一个非法传销组织,然后"善意"地劝你也加入。你相信了这个朋友也进入该组织,进而就可能善意地劝诱其他朋友。这样,牺牲者会越来越多。

传销的具体内容可以有千万种,但只要我们时刻谨记"天上不会掉馅饼",并拒绝所有人的邀请,就能将受害减小到最低程度。拒绝对方的邀请并不会影响到友情,因为这个朋友本人总有一天也会认识到传销的本质。

最好的做法当然是告诉你的朋友老鼠会的本质,并说服他退出。但现在这种非法传销体系已经有了进化,有时对方可能很难辨识。

总之,只要我们时刻保持警惕,多多少少能避免一些问题。

另一种不道德经营方法被称为"灵感法"。其手段就是通过谎称自己能预知厄运、不幸等来威胁受害人,使受害人为了消灾而购买各种辟邪物。

这种经营方法的第一接触点往往是"占卜师"。他们在一开始只是试探性地说一些可以预见不幸或厄运等的话语,来测试顾客的态度,如果觉得有戏可唱,"占卜师"就会进入下一个阶段,比如去某个地方举行驱邪仪式等。

先不论是否相信占卜这个东西,如果我们对着 100 个 20 多岁的年轻人说"你的奶奶去年去世了",总会有那么几个人是符合条件的。继续将这个假设细化下去,必会有一两个人符合。这时的"占卜内容"已经相当具体了,不由人不信。虽然在猜错的 98 个人面前露了馅,但对剩下的两个人来说,"占卜师"已成为近乎神奇的伟大存在。

这是一个简单的概率问题。"占卜师"从一开始就没想骗过所有人,哪怕只有两个人上当,也是他的成功。

我建议大家还是把占卜当作一种轻松的游戏比较好。就算对方说中了关于你的一些事,也不能全盘相信他。对方可能只是碰巧猜中的。

以销售昂贵的念珠、水晶为目的的买卖也是用同样的原理诱导顾客的。这些人往往还会说,某某名人就是因为买了这个东西才有今天的好运气的(当然是假的)。对此,我们一定要多长个心眼。

欺　诈

与不道德经营一样,欺诈也是身为职场人士不得不防的麻烦之一。

这里我介绍两种欺诈手段——投资欺诈和约会欺诈。

所谓投资,是指为了在将来获得更大的收益而花费金钱的行为。比如在股票市场,我们会投资购买预期可能会上涨的股票。其他的投资包括信托、国债,购买黄金、白银、铂金等也是投资的一种。

金融投资有各种各样的方案。低风险低回报、高风险高回报等说法相信大家已经耳熟能详。相对安全的投资收益率也低,反过来,比较有风险的投资行为如果成功,则能获得较大的收益。

那么"低风险高回报"是不是就很有吸引力了呢?

若经济长期处于持续增长的状态,我们确实可以期待一下这种情况的发生。但"低风险高回报"绝不是随时都能够保证的。

投资欺诈基本都属于保证能获得高收益的低风险投资。较之年轻人,老年人更容易上当。我们随时随地都可能被这种欺诈迷惑,所以要时刻保持警惕。

为了方便理解,我举一个极端的例子来说明。

假设投资公司 A 需要资金来做一个项目。投资合约中的内容是:若投资 100 万元,则会在一个月后返还 110 万元。如果这是真的,那么投资人确实稳赚不亏。于是我们尝试着先打 100 万过去,结果在第二个月真的得到了 110 万。这样一来,大部分人都会因为尝到了甜头而欣喜吧。

但是,这些所谓投资公司的运作方式就是将融资得来的钱返还给客户当作其利益,所以根本不可能每个月都保持 10% 的赢利(返还给客户)。有些投资欺诈者甚至根本无意将客户的钱通过投资获利来返还给客户,最初的 110 万只是一个为套住受害者的诱饵而已。在获得庞大的投资资金后,这家所谓的投资公司就会倒闭。公司一倒闭,所有的钱就打了水漂。

当然,从法律上来说,欺诈并不是这么简单就能行得通的。但简单来说,投资欺诈就是以各种超乎寻常的优厚条件为诱饵,来欺骗投资者。

这个诱饵并不仅限于"高回报"。有的欺诈者会利用投资者的同情心,编出"要投资一个帮助非洲饥饿儿童的企业"、"要建立一家公司,从事××事业"、"10年后实现太空旅行"等纷繁多变的理由。

所以我们还是要牢记那句话"天上不会掉馅饼"。

而约会欺诈的手法更为直接。比如当你进入一个街边的小画廊,可能会遇见一位漂亮的小姐为你介绍一些绘画作品。即使你没有买的意思,也会得到她的手机号码。之后,这个人会多次与你联系、约会。当你们渐渐熟络起来后,这个小姐就会强迫你以高出原价几倍的价格买下一些画作。还有的情况是你在街上走时碰到找你做调查问卷的异性,聊了几句后,你们的关系变得不错。过了几天,对方就会以类似约会的形式找你去一些衣服店、首饰店等,逼你买东西送给她。就算你没有钱,对方也会逼你签下贷款。骗子一方可谓准备周全。

类似这种因和异性关系不错导致被强迫购买的案例就是典型的约会欺诈。若花钱的本人没有任何怨言也就罢了,但大多数人都会在自掏腰包后后悔不已。

受害者不仅限于男性，女性也可能被英俊的男店员蛊惑，买下昂贵的皮草大衣。约会欺诈使用的"道具"多是一些难以分辨价值的艺术品和贵金属。还要注意一些昂贵的化妆品套装、美容店会员券、英语会话教材等。

另外一个麻烦的地方是，这一类行为不易定性为"欺诈"，一旦中招，我们很难挽回损失。

避免上当的方法是，当有漂亮的女性或是英俊的男性试图以搭讪销售的方式来接近你时，千万不要回应，**赶紧撤离**。请把对方当作"搭讪专家"，一刻都不能掉以轻心。

有一种叫"clean off"的签约制度可以在一定期限内无偿解约。但如果你碰到的是骗子，在你后悔想找他解约时，对方往往已经人间蒸发，或是舌吐莲花，忽悠你继续签约。

所以我们在购入昂贵物品时不仅要当场进行辨别，还要花时间仔细思考一番。千万不能轻信"你特别的"或"仅限今天"等噱头。

上文中我只介绍了一部分常见的欺诈路数，其实生活中还有转账欺诈等一系列陷阱。

- 钓鱼欺诈——冒充著名企业向顾客发送邮件，引导客户浏览骗子精心设计的网站,套取信用卡号码等个人信息。

- 催眠欺诈——在集会中送出大量赠品,激发顾客的热情,在最后来一句"白拿了这么多,你们好意思不表示表示就回去吗?"逼迫顾客购买商品。

- 就业欺诈——以安排工作为名,欺骗顾客购买昂贵的培训教材或支付昂贵的注册费用。

- 安检欺诈——伪装成公安机关人员上门宣传安全意识,强迫受害人购买灭火器等物品。

有的欺诈手法已经存在很久,也有些欺诈随着时代变化,不断变换花样。总之,遇上这些时,都需要我们多长个心眼才行。

邪　教

世上有各种宗教。既有佛教、伊斯兰教、印度教、基督教等历史悠久的宗教,也不乏新出现的新兴宗教。相信什么,不相信什么,是个人自由。不过这个世界上也有一些以盈利为目的、绝不会给人带来幸福的所谓"宗教"。

小 A 刚刚走上社会第一年,22 岁,已经渐渐习惯工作,但在人际交往上有些不如意。

小 A 在一个晴朗的假日来到公园,坐在长椅上。这时,有个 30 岁左右、面相和善的男子前来搭话。一开始,他们只是普通的闲聊,渐渐地小 A 就了解到该男子是某个团体的会员,他还邀请小 A 有空的时候一起去。当天,小 A 并没有立刻答应,但对这个团体也没有留下什么坏印象。

过了一周，小 A 再次来到这个公园散步，又碰到了这个男子。这次他身边有个 25 岁左右的女性。小 A 得知他们正要前去活动会场，于是半推半就地也跟着一起去了。在这个时候，小 A 还完全看不出"宗教"的影子。

和两人欢谈了一会儿，小 A 知道了团体所谓的"活动"就是思考"世间的幸与不幸"的讨论会。小 A 发现自己并不感兴趣并萌生退意，但对方却用各种手段让他留下了。

事情发展到目前为止是劝诱受害者入教的第一步。这些组织的手段可以有所不同，结识的契机也可能是假装在街头做问卷调查，瞄准那些刚从外地进入大城市的年轻人。总之，他们的目的就是用各种方法将目标带到自己的基地去。

其后，会有高级干部出来用花言巧语，或是用美酒佳肴放松你的戒备，或是让你喝下会产生幻觉的药物。

如果对方判断你不太可能成为"信徒"，就会效仿"灵感法"来逼你买一些辟邪物品。如果发现你有希望上钩，他们就会实行下一个步骤——"洗脑"。洗脑的手段可谓层出不穷。当然，洗脑不是说洗就能洗的。大多数人在这种情况下都会反应过来，暗叫糟糕并速求脱身。但假设有 100 人被带去基地，总会有那么几个人被洗脑成功,成为信徒。

这种类型的宗教多会瞄准你心灵的弱点。若你在公司的人际关系不好,身体状况不好,或是没有人供你倾诉这些烦恼的时候,你就要当心了。

人类是一种脆弱的生物,轻易就会寻求可以依靠的慰藉。但若在这时被邪教乘虚而入的话,你大好的人生就毁了,同时这也会给你的家人带来极大的困扰。如果你觉得自己需要信仰一种宗教来慰藉心灵的话,请去找适合自己的宗教。正规可信的宗教不会对你纠缠不休,也不会逼你高价买东西。

如果有人拿着"你对幸福与和平怎么看啊?"这种问题来接近你,你就要意识到这是危险信号,请一定严加防范。

有困难就找人说说

至此,我介绍了一些职场人士的"注意事项",这社会上看起来真是危机四伏。

如果哪一天你深陷危机,靠一个人解决不了,就找人说说吧。家人和朋友肯定都会认真地听你倾诉,成为你的精神支柱。不过,父母朋友也不是万能的,也许他们也不知道解决方法,或没有某方面的专业知识。这种时候,我们就需要找相关机构帮忙。

如果遇到欺诈的话,我们可以去寻求专门的律师组织、公安机关等的帮助。感觉自己工作压力巨大,也可以找专门的咨询师和医疗机构。总之,不能深陷其中而不管。

人生总会遇到挫折。遇到困难不要一个人硬撑,要找适当的人商量商量。和相关领域的专家聊聊,一定能获得一些解决问题的线索。

社会人

こなる前に知

第 05 章

做一个幸福的小白领

设计人生规划

我相信很多人在求职的时候都作过"自我分析",思考过"人生规划"。那么现在大家还记得其中的内容吗？还在实践着当初的设想吗？

也许大多数人已经忘却了。

学生时代的人生规划、自我分析等大多是为了顺利进入公司而进行的工作,更偏向于应付面试。一旦面试结束,这些规划分析也就没有用处了。

那么现在,请大家不要再管面试不面试的,想一想自己要怎样规划人生,才能更加幸福吧。

请将自己的人生想象为一部"作品"。我们是不是想尽可能地让这个作品完美一些呢？

　　要创造出完美的作品，我们需要一些"计划"。精彩的电影、漂
亮的家、一流的运动员，都是靠着计划一步步才得以实现的。

　　电影要精彩，就得反复斟酌剧本；家要漂亮，就得需要不断斟
酌修改不同风格的设计图；运动员也一样，得靠有计划性的训练来
一步步提升实力。漫无目的的状态出不了好作品，人生规划也是
一样。

　　担任人生"编剧、演出、导演"的都是我们自己，我们可以随心
所欲地发挥。但正因为随心所欲，反而让我们困惑，不知该从何处
着手。

　　那么本章就来具体介绍一下制订"幸福人生"计划的方法吧。

对我而言，"幸福"是什么

成功地"把人生塑造成完美的作品"，就意味着度过了幸福的人生。所有人都希望自己过得幸福，但是很多人却对幸福的概念很迷茫，也许是因为"幸福"这个词对于我们来说太过熟悉，反而没有具体想过。

我相信很多人会认为，只要时时刻刻全力以赴，就能获得幸福。但幸福是"自己感受到的"，不是说满足了某个具体指标，就能获得幸福。无论身处何种情况，只要当事人感到幸福，那么这就是幸福。

另外，这个"幸福感受"往往不会长期持续。因为人很容易习惯一种状态，不安的感觉也许会持续很长时间，但"安心"感基本上只是一瞬间的东西。

正因如此,我们需要思考并意识到,属于自己的幸福究竟是什么? 如果处在幸福的状态自己却没有意识到,那就是一种损失了。

所以制定幸福的人生规划的第一步,就是弄清楚自己的幸福到底是什么。

我认为幸福有两种——"瞬间性幸福"和"状态性幸福"。

"瞬间性幸福"就是自己单纯地感受到幸福的那一瞬。比如说吃到美味的食物,在晴天舒畅地散步,实现期盼已久的旅行等,都能让我们产生幸福的感觉。从细微的小事中也能感受到幸福的人,属于善于感受幸福的人。

另一种幸福是"状态性幸福"。这是指自己对目前的人生是否满意、对未来是否抱有希望等,非瞬间性地意识到人生规划及梦想达成度等。为了得到这种"状态性幸福",需要我们先来制定一些生活中的目标。

要促进"状态性幸福",需要我们弄清楚对于自己的人生目标,目前自己处在一个什么阶段,到什么时候有希望达成这些目标。当我们的人生规划正在顺利实现时,状态性幸福就会随之而来。

图 5-1 是综合了人们关于状态性幸福和瞬间性幸福感受度的说明图。从中可以看出,这两种幸福其实有所关联。

在这张图中,位于 A 区域的人幸福度最高。不过目前在 B、C、

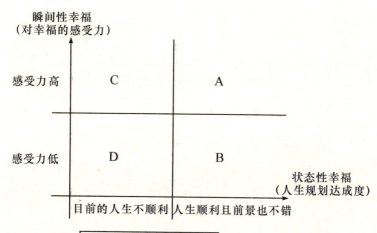

图 5-1 人生规划下的幸福指数分析图

D 区域的人只要通过努力,也有可能达到 A 的程度。也就是说,A – B – C – D 是互相联系的,即使现在你的状态不在 A 区,也完全没有必要悲观。但是,没有思考过人生规划的人却不被包含在图中。

这样的人在日常的生活中仍然会有机会感受到幸福或满足感,但缺乏计划和目标的生活方式让这一类人并不会有比较"厚重"的幸福感。

上述就是我对"幸福"的看法。

相信每个人对于幸福的看法都不一样。所以首先请总结一下自己对幸福的理解,这是我们制定人生规划的凭据。

设定小目标和大目标

在思考过自己对幸福的理解之后,我们就要研究一下"人生目标"了。目标是多种多样的,从时间长短上有在短期内期望达成的目标,也有中长期的如5年目标、30年目标等。

公司应该也有短期目标和中长期目标。每个企业的目标各不相同。比如一个食品生产商的中长期目标可能是"3年以内撤掉业绩不佳的清凉饮料部门",将"零食生产部门的销售额升为现在的2倍"等内容。接下来为了实现这个中长期目标,该企业可能会设立数个短期目标。具体可能是"在某月某日之前将清凉饮料部门资产卖出"、"在某月某日之前将零食生产部门销量最低的5样商品停产,并发布3种新产品"、"在某月某日之前为强化零食生产部门而设立新部门"等。

短期目标是中长期目标的细化,也就是说,1 个中长期目标可能对应数个短期目标。设立人生规划也与之相似。

我们可以设立 1 个大目标(类似"生活方式"、"梦想"等目标)、4~5 个中目标,然后再定几个实现中目标的小目标。如果把中目标分成"工作"、"健康"、"交际"、"兴趣"、"金钱"等,就更容易理解了。

作为案例分析,我们假设一个这样的情况。

"小 A,22 岁,男性,单身,是东京都内某运营居酒屋连锁店的公司的正式职员。兴趣是围棋、卡拉 OK。将来的梦想是独立经营自己的餐饮店。最终目标是将餐饮店开到国外去。"表 5-1 罗列了小 A 的大、中、小 3 个层级的目标内容。

表 5-1　人生目标设定细分示例表

大　目　标			
30 岁,辞职,独立经营餐饮店 35 岁,在国外开设自己的新店			
分类	中目标	小目标 1	小目标 2	小目标 3
工作 1	某年某月之前成为"店长"	在公司的业绩评价保持 A 以上	有不懂的地方立刻请教上司,或自己查找答案	必须参加公司组织的每一个培训
工作 2	加深对其他餐饮公司的认识	订购阅读行业杂志	发现一家心仪的餐厅后写下感想	

续表

大 目 标			
30 岁,辞职,独立经营餐饮店 35 岁,在国外开设自己的新店			
分类	中目标	小目标 1	小目标 2	小目标 3

分类	中目标	小目标 1	小目标 2	小目标 3
健康	保持目前的健康状态	不通宵唱卡拉 OK,再晚也保证凌晨 1 点前睡觉	每周保证两天不喝酒(健肝日)	
兴趣	某月之前获得围棋 2 段	研读完一本过级辅导书		
金钱	一年存款 10 万元	外出就餐仅以学习为目的,其余时间都自己做饭	在发薪日制订用钱计划	

设立目标的关键在于先思考大目标,然后为实现大目标而设定相关的中目标和小目标。设中小目标时不用想得过于复杂,就如表 5-1 中一样,努力想出一些可能达成的具体事项就可以了。

设定目标时要注意以下 3 点。

● 不可设立过多的目标

如果这个也是目标、那个也是目标,我们就容易忘记。目标的个数宜控制在日常生活中随时可以想起来的范围内。达成目标后就思考新的目标。如果在实行到一半时心理上出现变化,感到该目标不再有效,那么只要变更或删除它就可以了。我们追求的不是完成多少目标,而是时刻有这种目标意识。目标很少也不要紧。

● 不要设立难以实现的目标

小目标定得太难是大忌。如果是几天就能完成的事,也许在这几天里拼命努力一下,还是可能实现的,然而人不可能长时间保持这种紧绷的状态。

● 制定尽可能具体的目标

特别是设定小目标的时候,内容要尽量具体。时间、地点、方式等内容设定得越清楚,目标就越容易实现。

请大家一边注意上述 3 点基本事项,一边为自己做一张表吧。如果觉得有难度,那么刚开始的时候我们可以只设一个中目标和一个小目标。首先需要的是实践并习惯它。

如果你成功完成了大目标,就继续思考下一个目标吧。

寿命与人生规划

人的寿命有长短，且随着年龄增长，我们的身体也会出现变化。

孩童时代，我们可以随心所欲地全力奔跑，但上了年纪以后，我们就很难再奔跑了。很多人 20 来岁的时候是一名精力充沛的运动员，过了 30 岁后长久不运动，偶尔动一下，身体动作就会跟不上脑中所想。大脑虽然还记得以前的动作，但由于体力下降，身体跟不上大脑，以前随随便便就能完成的简单动作也变得困难起来。

我现在 41 岁，也有很多和我同辈的朋友。所以人到 40 岁之前的生理变化我十分清楚。但对将来会发生什么变化，我们都不清楚，也没有实际的感受。我们可以在脑中设想 50 岁的感觉，但想象与实际往往有很大出入。这时，只能靠比我们年长的人来告诉我们他们的感觉。人的体力和喜好会随年龄改变，所以设立人生规划时也应该考虑到这种肉体及精神上的变化。

而最终，谁都避免不了一死。现在日本人的平均寿命是男性 79 岁，女性 86 岁。这个平均年龄减去你现在的年龄，可能就是你剩下的日子。人生规划就是计划在死亡之前应该怎样生活。

现在就想怎样迎接死亡，对我们来说可能意义不大。但设想一下自己的晚年却绝非坏事。人们对于晚年的目标会随年龄的增加和实际的人生轨迹的变化而产生变化，但大家都会希望，自己的目标总是积极向上的、乐观的。

人生的顶峰

人生的幸福与不幸是呈周期变化的。既有平缓的周期，也有变化激烈的周期。当你处于幸福状态时，可能会想"以后估计也会这么安定吧"，然而事态可能转瞬间就发生变化。当然，相反的情况也可能会出现。

我将人生幸福周期中处于上方的部分（顺畅的时期）视为"人生的顶峰"。有的人的"顶峰"会长时间持续，也有人过完一生也没有什么太大的波澜。

图 5-2 是一个示例，我们一起来看一下小 A 的人生分析吧。

从结果来看，小 A 人生最大的顶峰出现在小学到中学时期。相信他小时候一定成绩、运动都不错，很受欢迎吧。在高中时，他的幸福度急速下降，进入社会后稍稍有所缓解，但在 30 岁左右时

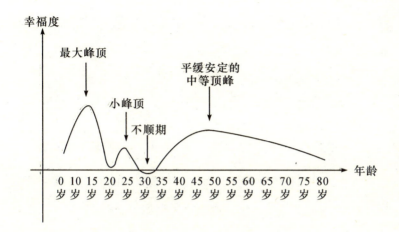

图 5-2　小 A 人生幸福指数变化示例

迎来了人生中最大的逆境,直到 45 岁才渐渐平稳下来。

只要当事人满意自己的人生,旁人是没有资格说三道四的。但我认为,如果可以的话,人生最大的"顶峰"最好能在进入社会后的成熟期出现,相信很多人也这么想。

你周围应该也有一些如小 A 一样,在学生时代意气风发的同学。但这种"受欢迎"的状态并不一定会持续一生。他们可能在进入高中后由于不注意运动导致肥胖,失去自信,使得精神状态和外表上都和小学、初中时大为不同。这种例子随处可见。

总以过去的荣耀来支持现在的自己,会有自欺欺人之嫌。为了避免变成这样,我们在人生的转机到来时要尽快意识到这一点,并进行适当的轨道修正,为接下来"迎来人生更高的顶峰"付出不懈的努力。

　　你觉得自己人生的最大顶峰是什么时候,在怎样的情况下会到来呢? 也许你觉得是完成了某件工作后的时候,或是进入晚年生活前达到了"内心充实"的阶段。

　　人生的顶峰与人生规划中的目标有着紧密的关系。完成了目标,自然就会迎来一次顶峰。但如果没有规划,你也许根本就意识不到顶峰的到来,导致好不容易到访的"顶峰"难以持续,不久就转向下坡。

　　我们要意识到一生之中可能会到来的"人生顶峰",并依靠自身的努力进行控制。

兔子在看乌龟，乌龟在看终点

最后还有一点是在进行人生规划时不容忽视的，那就是"不要受他人（朋友或熟人）的影响"。

学生时代，我们和同伴们一起走在"学校"这条相同的轨道上。但是进入社会之后，我们却走在各自选择的不同轨道上。这是一条比之前凶险数倍的道路，即使是同一个公司的同事，也会有相当不同的生活方式。

比如说，即使两个人的工作内容和薪水一样，有些人却需要抚养更多的家人，而另一些人家境可能非常好。有房者与房奴的经济状态可谓天壤之别。

人生中还会经历生病、事故、结婚、产子等各种事件。所以即使在同一个公司，从事同一份工作，也不意味着两人走在同一条人生轨道上。

所以，今后请向着自己为自己设定的目标行进。身边的人比自己跑得快还是慢，没有任何关系。

伊索寓言中《龟兔赛跑》的故事家喻户晓。兔子和乌龟赛跑时，兔子对对手掉以轻心睡了午觉，导致半途中被乌龟超越，输了比赛。这个故事告诉我们，"有能力者不能轻敌"或是"即使能力不高，只要不断努力也有回报"。不过，我们也可以像下面这样思考。

"兔子在看乌龟，乌龟在看终点"。

也就是说，乌龟从一开始就没把兔子当回事，他只是一心向终点奋进而已。而兔子则相反，没有关注终点，而只是在看乌龟。

人生也是极为相似的。不要去羡慕他人，或是与别人比较。"走自己的路，让别人说去吧。"向着自己的目标拼命前行就够了。

而且，我们追求的东西也许就和别人不一样。向着自己的目标前行 1 米或者 1 厘米，都是好的。

行文至此，我具体介绍了一些制订人生规划的方法。总结一下，有 3 个要点：

- 思考自己对幸福的理解。

- 思考实现自己幸福人生的大目标、中目标和小目标,并意识到"人生的顶峰"。然后随时根据需要添加、修改、删除目标。
- 以自己的步调,向着自己的目标踏实前进。

遵循上述 3 点,做好自己的人生规划,其一定会成为今后生活的重要指引。接下来就只剩实践了!

后　记

　　我时而会想："如果我们穿越回江户时代①,会发生什么情况呢?"也许有人会以为,自己来自未来,所以必定可以成就一番事业吧。但我每次得出的结论都是,"一个人很难做出什么大事"。

　　就算我知晓后来会出现自行车、飞机、能够治疗当时被认为是绝症的药物,我一个人也做不了这些。我要是穿越回去,一定会被当作招摇撞骗的家伙,被哪位大人物砍了脑袋吧。

　　这样一想就会明白,我们之所以能过上现在的幸福生活,都是靠了从远古开始积累的文化知识及一代代同胞的共同努力。每个

---

　　①　江户时代是由德川幕府统治日本的年代,时间是由 1603 年创立到 1867 年的大政奉还,这是日本封建统治的最后一个时代。——编者注

后 记

人的能力虽然有限，但大家一起努力劳动，并能将知识和经验很好地传递给后人的话，人类就能继续发展下去。

在本书中，我以"商务场合中要注意的基本事项以及度过幸福人生的诀窍"为中心，作了一番讲解，如果其中有读者感兴趣的话题，就请继续学习，加深对它们的理解。这一定能成为你以后"腾飞"的契机。

然后，也请你记得将自己身上的经验和知识告诉后辈。

最后，我衷心祝愿本书的读者们在今后工作充实、人生幸福。感谢大家读到最后！

原冈修吾

图书在版编目(CIP)数据

走对职场第一步 / (日)原冈修吾著;李南鸽译.
—杭州:浙江大学出版社,2013.4
ISBN 978-7-308-11167-6

Ⅰ.①走… Ⅱ.①原…②李… Ⅲ.①成功心理一通
俗读物 Ⅳ.①B848.4－49

中国版本图书馆 CIP 数据核字(2013)第 029481 号

SHAKAIJIN NI NARUMAE NI SHITTEOKITAI KOTO
Copyright © HARAOKA SHUGO, 2011
All rights reserved.
First original Japanese edition published by Hankyu Communications Co.,
Ltd., Japan 2011
Chinese (in simplified character only) translation rights arranged with Hankyu
Communications Co., Ltd., Japan
through CREEK & RIVER Co., Ltd. and CREEK & RIVER SHANGHAI Co., Ltd.
本书仅限于中国大陆地区发行销售
浙江省版权局著作权合同登记图字:11－2012－230

走对职场第一步

(日)原冈修吾 著 李南鸽 译

策　　划	蓝狮子财经出版中心	
责任编辑	黄兆宁	
封面设计	水玉银文化	
出版发行	浙江大学出版社	
	(杭州市天目山路 148 号　邮政编码 310007)	
	(网址:http://www.zjupress.com)	
排　　版	浙江时代出版服务有限公司	
印　　刷	杭州杭新印务有限公司	
开　　本	850mm×1168mm　1/32	
印　　张	6.5	
字　　数	119 千	
版 印 次	2013 年 4 月第 1 版　2013 年 4 月第 1 次印刷	
书　　号	ISBN 978-7-308-11167-6	
定　　价	30.00 元	

版权所有　翻印必究　印装差错　负责调换
浙江大学出版社发行部邮购电话　(0571)88925591